中国
新疆绿洲棉花
发展研究

ZHONGGUO
XINJIANG LÜZHOU MIANHUA FAZHAN YANJIU

中国农业科学院棉花研究所
中国农业科学院西部农业研究中心 编

中国农业出版社
北 京

内容提要

《中国新疆绿洲棉花发展研究》面向新疆绿洲，系统总结阐述新疆绿洲棉花的发展。全书分为六章：新疆绿洲棉花的发展历程；新疆绿洲棉花发展的原因；延伸棉花产业链增值链，打造西部纺织服装新高地；新疆绿洲棉花和纺织品服装融入国内国际双循环；新疆绿洲棉花发展的贡献；新疆绿洲棉花发展的经验、启示和未来。

本书可供涉棉科技工作者及农业农村经济研究机构、政府管理部门、决策机构和智库等人员参考。

编委会

主　　　编：毛树春　王占彪
副 主 编：李鹏程
撰委会成员（按姓名笔画排序）：

万素梅	马　磊	王　林	王占彪	王光强
王进华	王雪姣	毛树春	孔　杰	田立文
华　珊	买文选	杜明伟	李孝华	李鹏程
张正贵	张宁宁	张宋佳	赵文琪	钱静斐
盛　凯	葛　群	韩焕勇	程思贤	蔡　路

主　　　审：高　雷

序

  《中国新疆绿洲棉花发展研究》以农业技术经济学、区域发展经济学理论为指导，以讲好新疆绿洲棉花发展的故事为目的，采用微观分析和宏观分析相结合的方法，全面介绍中国新疆绿洲棉花生产和棉纺织业的发展历程、采取的主要措施、取得的显著成效和做出的巨大贡献，分享新疆绿洲棉花发展的经验、启示和借鉴。

  研究结果表明，新中国成立以来，新疆绿洲棉花在不同时期呈现不同的发展态势。在社会主义革命和建设时期新疆绿洲棉花处于"沉睡状态"，在改革开放和社会主义现代化建设新时期新疆绿洲棉花处于"苏醒状态"，在中国特色社会主义新时代新疆绿洲棉花跃上"跨越状态"，"十四五"时期进入"超越状态"，并不断改进提升棉花品质以满足纺织工业的新需求。近15年，新疆绿洲用占全球6.7%的耕地面积生产出了占全球17.6%的商品棉花。2024年新疆棉花面积占全国的86.2%，产量占全国的92.2%，真可谓"一花独放"。近几年新疆高品质棉花占比提升，2023年达到53.1%，2024年提高到58.2%。新疆绿洲棉花的高产高质为全国棉花的发展做出了杰出贡献，为全球棉花产量的提高提供了中国新疆方案。

  如今，新疆绿洲棉花的地位举足轻重，有"全球棉花看中国，中国棉花看新疆"的美称，分析其根本原因是党的领导和政策支持，取得的主要经验为"六个依靠"——依靠党的领导和政策支持；依靠增加投入；依靠科技进步对生产的支持；依靠人们的勤劳，学科学用科学，实行科学种田，科技植棉；依靠多民族平等参与棉花生产、平等享受棉花发展成果；依靠延伸产业链提高附加值。后两个依靠更加重要。

采取的主要措施包括：建设优质商品棉生产基地和特大优质棉商品生产基地、扩大耕地面积和棉花播种面积，建设高产稳产农田、加快科技创新和技术进步，大力发展农业机械化，形成高投入高成本的生产模式；打造西部纺织高地，延伸绿洲棉花产业链增值链，一大批优质纺织企业进入新疆，促进绿洲棉纺织业技术和装备跃居全国领先水平，纺锭达到一定规模。近几年，新疆本土纺织品服装出口额突破100亿美元，呈现逆势增长，2024年新疆纺织品服装出口额提高到153.9亿美元，占全国纺织品服装出口额的5.1%。

科技创新和科技成果应用对新疆绿洲棉花发展做出了重大贡献。2000—2019年，绿洲棉花科技贡献率达到77.9%，高于同期全国农作物科技贡献率17.1个百分点。最为显著特点是创造性发明了"密矮早膜"栽培模式和体系，以及培育新品种，实施精量播种、病虫草生物生态防控，研发播种覆膜打孔一体作业机具等多个单项技术措施（产品），总结提出了"四月苗、五月蕾、六月花、七月铃、八月絮"早发早熟的先进看苗经验，最具绿洲生态生产条件和中国特色，为全国和全球棉花栽培树立了现代化样板，为发展中国和全球棉花栽培学理论做出了贡献。经测算，近25年来因新疆棉花高产，生产等量棉花，年均节省耕地103.3万 hm^2，节省率高达25.1%，为国家实现粮棉双丰收做出了重大贡献。2024年新疆绿洲棉花综合耕种收率达97%，其中机采率达90.8%，已接近发达国家农业机械化水平，如今绿洲棉花生产效率达到美国20世纪80年代水平，每小时生产皮棉18kg。

新疆绿洲棉花为促进区域农村经济发展做出了重要贡献，也是全国棉花区域布局转移取得成功的保证。"要发家，种棉花"，这是棉花作为经济作物的基本属性。"种棉花一年小变样，两年大变样，三年致富奔小康""种棉花打了个翻身仗"。这是笔者在新疆的所见所闻。研究指出，新疆农村家庭居民人均可支配收入与棉花产量呈现高度正相关，其决定系数高达0.972。回归分析显示，每生产1 000t皮棉即可增加新疆农村家庭居民人均可支配收入3.73元，可见新疆是典型的省级棉花经济。阿克苏是全国最大的产棉地区，其农村家庭居民人均可支配收入与全疆农村家庭居民人均可支配收入的趋势完全相同，决定系数高达0.912。每生产1 000t皮棉即可增加阿克苏地区农村家庭居民人均可支配收入16.44元，是最典型的地区级棉花经济。新疆还有一大批县域发展棉花经济的例子。事实表明，发展棉花生产为"兴边富民、稳边固边"提供了坚实经济基础。

面对世界百年未有之大变局，应对关税战、贸易战，以及降低极端气候异常和生物灾害风险，中国棉花唯有做好自己的事。未来绿洲棉花要坚持高品质、高质量可持续发展的指导思想，政策导向要积极引导走稳走准走实"适度规模、质量兴棉、绿色兴棉"的可持续发展之路，有效提高供给能力和供给质量水平，积极稳步推进产业链和增值链的延伸，做大做强绿洲棉花产业，深度融入国内国际两个大市场，抢抓"一带一路"机遇，扩大面向东南亚、中亚和东欧等市场的棉纺织服装产品出口。经过持续不断努力，我国一定能创新出一条规模适度、品质优良、资源节约、环境友好的现代化植棉业和纺织业道路，朝着建设棉花强国和纺织业强国的目标迈进。

具体而言，坚持问题导向、需求导向和目标导向原则，在资源和新品种选育方面，紧密围绕质量兴棉，实现机采棉的提质增效，坚定培育高产高质早熟并举，抗虫抗病、耐盐碱耐旱的新品种，积极培育陆地棉中长绒和陆海杂交种的高品质类型。在遗传资源生物学基础研究方面，围绕机采棉高产高品质创制与"长强细"品质相协调的早熟、抗逆性优异的新种质、新材料，为新品种选育提供新的种质资源。在栽培、种植和机械化方面，紧密围绕绿色兴棉实现降本增效，进一步优化"密矮早膜"模式，研发节水节肥节药省膜的新材料、新方法、新机具，在精准智慧调控技术方面取得新突破，依托数智赋能机械化管理、采收和加工，提高棉花生产机械化水平。研制保质减损的"柔性"加工装备，数智赋能"因花配车"技术和工艺流程，从根本上彻底扭转绿洲棉花从"石油农业"转向绿色农业，提高资源利用效率。

2024年7月20日，由我提出动议，决定组织研究、撰写《中国新疆绿洲棉花发展研究》一书。为切实做好编写工作，成立了编写委员会，召开3次编写工作会议落实任务，收集整理植棉业、棉花加工业、纺织业生产链、供应链、贸易链的系统数据资料；编写组历时10个月完成编写任务。

本书出版之际恰逢新疆维吾尔自治区成立70周年，也是"十四五"规划收官之年和编制"十五五"规划之年，本报告也将为相关研究提供重要参考。

今年还是中国农业科学院西部农业研究中心成立8周年、中国农业科学院援疆指挥部成立3周年，中国农业科学院棉花研究所老一辈科学家喻树迅院士、谭联望、黄祯茂、蔡荣芳、张雄伟等专家培育的棉花新品种、研发的新技术在新疆棉田广泛应用，成就了"艰苦奋斗、甘于奉献、勤于实践、勇于创新"的"中棉所精神"，后辈杨作仁、王占彪、冯鸿杰等中青年接过接力棒，立足新疆，继续培育棉花新品种，研发新技术、新方法，用实际行动践行"中棉所精神"。

本书在编写和资料收集过程中得到新疆维吾尔自治区棉花产业办公室、中国纺织工业联合会、中国棉纺织行业协会、新疆维吾尔自治区农业农村厅、中国棉花信息网等的大力支持，在此一并致谢！

中国农业科学院西部农业研究中心党委书记、主任

（中国农业科学院援疆指挥部）

中国农业科学院棉花研究所党委书记

2025年5月17日

前　言

　　新疆维吾尔自治区，简称新疆，位于亚欧大陆腹地，地处祖国的西部边陲。新疆绿洲既是当今全国棉花生产的重心，也是当代全球棉花生产的"王国"。

　　绿洲是依水形成的人和生物、经济和社会的共同体（复合体）。绿洲既是地理学概念也是生态学概念，因而具有鲜明的社会学、经济学、生物学等特征。

　　棉花是纺织工业的主要原料。衣食住行以衣为首，丰衣足食还是以衣为先。经过艰苦努力，我国以占世界9%的耕地养活了占全球近20%的人口，由"穿不暖"到"穿得暖"再到"穿得好"的历史性转变。新时代新征程，中国新疆绿洲用占全球6.7%的耕地面积生产出了占全球17.6%的商品棉花，满足了人民群众日益增长的美好生活需要，并在积极应对国内外风险挑战，加快建设棉花强国，保障棉花的自主供给上作出了重要贡献。

　　我国是棉花的非起源地。历史上，棉花进入中国第一站是新疆西域。早在公元前2世纪新疆就已种植棉花。（清）萧雄撰《听园西疆杂诗述》（1892）载："中国之有棉花，其中始于张骞得之西域。"证明新疆已有2 000多年的植棉史，这从新疆民丰县北大沙漠中发掘出的东汉合葬墓、尼雅遗址的东汉墓、巴楚县晚唐遗址考古发现中得到印证。2 000多年以来，新疆人民不断开发利用绿洲，如今新疆已成为丝绸之路、"一带一路"的桥梁和纽带，其中棉花亮点纷呈。

　　按全国棉花生产种植区域的划分，新疆隶属于西北内陆棉区。以天山为界，把天山以南、以北和以东地区分别划分南疆、北疆和东疆

3个生态亚区。

在气候分类上，新疆绿洲属于温带大陆性气候，北疆大部属于中温带半干旱区气候，南疆和东疆属于暖温带干旱区气候。

按照气候、环境和生态类型，新疆绿洲可分为荒漠、半荒漠绿洲，具有春早秋早、冬寒夏热；昼夜温差大、日照充足；降水稀少、气候干燥、蒸发量大等特点。发展棉花必须依靠灌溉。因此，新疆是典型的绿洲生态区，灌溉农业区。

新中国成立以来，在党的领导下，新疆各族人民艰苦奋斗，不断增加开垦开发投入，加快科技的研发和推广应用，使昔日"大漠孤烟直，长河落日圆"的荒漠戈壁开发成整片整洁的大绿洲大棉田，变成了"戈壁大棉仓"，棉花的海洋。当今新疆绿洲棉花已成为规模化集约化现代化样板，堪称"绿洲棉花的王国"。实践证明，新疆绿洲是人类开发利用和种植棉花最好的场所，为保障国家棉花有效供给作出了巨大贡献！

为了讲好新疆棉花发展故事，全面介绍中国新疆棉花生产和棉纺织业发展取得的成效，分享新疆棉花发展的经验，中国农业科学院棉花研究所和中国农业科学院西部农业研究中心联合编纂本著，以庆祝新疆维吾尔自治区成立70周年！

本书编委会

2025年5月

目　录

第一章
新疆绿洲棉花的发展历程

新中国成立以来，新疆绿洲棉花在不同时期呈现不同的发展状态。1949年10月—1978年12月新疆绿洲棉花处于"沉睡状态"，1979年1月—2012年10月新疆绿洲棉花处于"苏醒状态"，2012年11月—2021年12月新疆绿洲棉花跃入"跨越状态"，"十四五"时期跃上"超越状态"，并不断提升棉花品质以满足纺织工业的新需要。

一、棉花产能"沉睡状态"

1949—1978年，新疆绿洲棉花产能呈现"沉睡状态"。

这30年新疆绿洲棉花总产年均值为4.5万t/年，总产量从0.5万t增长到5.5万t，年均增长率为8.62%。总产量占全国的比重从1.2%提高到2.5%，30年间仅扩大1.3个百分点，占比的平均值仅为2.6%（图1-1）。

同期，绿洲棉花播种面积平均值为12.3万hm^2，从3.1万hm^{2}扩大到15.0万hm^2，年均增长率为5.59%，占全国的比重从1.1%提高到了3.1%，扩大了2.0个百分点，平均值仅为2.5%（图1-2）。

同期，单产水平从169kg/hm^{2}提高到365kg/hm^2，年均增长2.60%，这30年平均值为345kg/hm^2（图1-3）。

20世纪50年代，绿洲棉花总产3.2万t/10年，占全国比例为2.2%。播种面积8.5万hm^2/10年，占全国比例为1.5%。单产平均值336.0kg/hm^2，高于全国单产水平33.7%，其中1959年单产达到494.3kg/hm^2，是这10

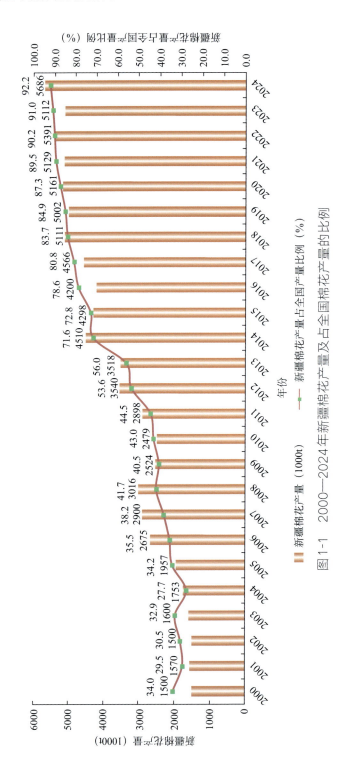

图1-1 2000—2024年新疆棉花产量及占全国棉花产量的比例

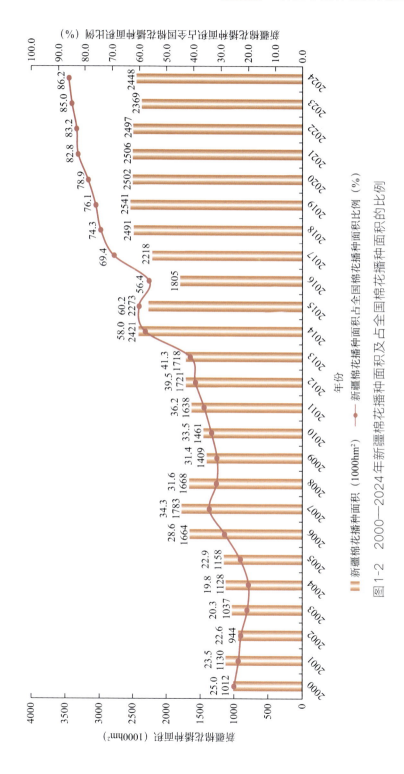

图 1-2 2000—2024 年新疆棉花播种面积及占全国棉花播种面积的比例

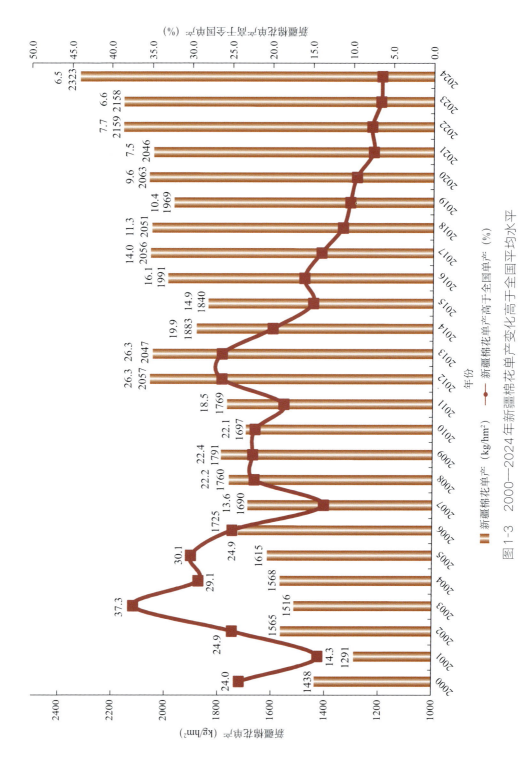

图 1-3　2000—2024年新疆棉花单产变化高于全国平均水平

年中的最高水平。

20世纪60年代，绿洲棉花总产提高到5.2万t/10年，占全国比例为3.2%。面积扩大到14.6万hm²/10年，占全国比例为3.1%。单产平均值为348.0kg/hm²，高于全国单产水平3.7%。其中1965年单产达到483.0kg/hm²，是这10年中的最高水平。

20世纪70年代，绿洲棉花总产提高到5.6万t/10年，占全国比例为2.5%。面积扩大到15.2万hm²/10年，占全国的比例为3.1%。单产平均值为367.8kg/hm²，低于全国单产水平19.0%。其中1973年单产达到441.0kg/hm²，是这10年中的最高水平。

以上可见，20世纪50—70年代绿洲棉花名不见经传，面积少，单产低，总产少，地位低，处于"沉睡"状态。其中1956年新疆棉花总产达到5.5万t，1966年达7.9万t，尽管如此，整个绿洲的总产量很低。

二、棉花产能"苏醒状态"

1979—1999年，是新疆绿洲棉花产能的"苏醒状态"。

这一时期，绿洲棉花总产量年均值达53.2万t，从5.3万t增长到140.8万t，年均增长率为17.82%，占全国比例平均值从2.4%扩大到36.8%，扩大了34.4个百分点，平均值占比为12.4%。

同期，绿洲棉花播种面积平均值为49.7万hm²，从16.2万hm²扩大到99.6万hm²，年均增长率为9.51%，占全国的比重从25.0%提高到了69.4%，扩大了44.4个百分点，平均值为36.4%。

同期，绿洲棉花单产从328kg/hm²提高到1 360kg/hm²，年均增长率为7.37%。这21年单产平均值为908kg/hm²。从低于全国平均水平的3.2%到高于全国平均水平的11.6%，扩大了14.8个百分点，可见绿洲棉花增长较快。

20世纪80年代，这10年棉花总产量19.4万t/10年，占全国的比例仅4.9%，这也表明绿洲棉花从"沉睡状态"走向"苏醒状态"。其中1981年总产首次突破10万t达到11.4万t，1986年总产首次突破20万t达到21.6万t，这时虽然新疆棉花也在发展但产量仍很低，占全国比例极低。

同期，绿洲棉花播种面积平均值提高到28.7万hm²/10年，占全国棉花的比例仅为5.4%，仍不足轻重，这是发展进程中呈现"苏醒"状态的特征。主要节点数据有：1981年绿洲棉花面积首次突破20万hm²达到23.2万hm²，1986年面积突破30万hm²达到35.6万hm²。虽然20世纪80年代新疆棉花不断发展但面积仍很小。

同期，绿洲棉花单产平均值提高到696kg/hm²，但其单产水平低于全国棉花平均水平11.1%，其中1986年单产水平首次突破100斤[*]/亩[**]达到782.0kg/hm²，但比全国于1983年达到的时间晚了3年。

20世纪90年代，绿洲棉花总产19.7万t/10年，占全国比例为21.0%。表明棉花产能进一步"苏醒"，成为全国棉区"三足鼎立"中的重要"一足"。其中1997年总产突破100万t达到115.0万t，1998年总产达到140.0万t。

同期，绿洲棉花播种面积平均值提高到74.0万hm²/10年，在全国棉花中的比例提高到了15.0%，成为"三足鼎立"中的重要一足。其中1999年面积接近100万hm²达到99.9万hm²。

同期，绿洲棉花单产平均值提高到1216kg/hm²，单产高于全国棉花平均水平40.7%，其中1986年单产水平首次突破700斤/亩达到782.0 kg/hm²。

从1998年开始到2024年，绿洲棉花位居全国第一大产棉省份已持续27年。

---

[*] 斤为非法定计量单位，1斤=500g，下同。

[**] 亩为非法定计量单位，1亩≈667m²，下同。

三、棉花产能"跨越状态"

进入21世纪，绿洲棉花产量不断刷新纪录，棉花产能进入"跨越状态"，迎来了高速发展的"黄金期"，在高水平基础上总产量实现了两次翻番，全国棉花生产的重心地位进一步加强，因此也成就了绿洲棉花的"王国"地位。

2000—2017年的18年，绿洲棉花总产平均值为283.4万t，总产量从150.0万t增长到456.6万t，年均增长率为6.77%。总产量占全国的比例从34.0%扩大到80.8%，扩大了46.8个百分点，占比平均值为46.4%。由两个证实"黄金期"的节点数据：一是绿洲棉花总产量从2000年的150万t提高到2008年的301.6万t，增长101.1%，这次翻番所花时间为11年；二是总产量从2010年的247.9万t提高到2017年的456.6万t，增长84.2%，接近翻番水平所花时间仅8年。

同期，绿洲棉花播种面积平均值为156.6万hm²，从101.2万hm²扩大到221.8万hm²，年均增长率为4.72%，占全国的比重从3.6%提高到了26.7%，扩大了23.1个百分点，平均值为9.9%。

同期，绿洲棉花单产从1 438kg/hm²提高到2 056kg/hm²，年均增长率为2.13%。这18年单产平均值为1 739kg/hm²。单产水平从低于全国平均水平31.6%到高于全国平均水平16.2%，缩小了15.4个百分点，可见绿洲棉花单产在很高水平上仍保持增长。

21世纪初期（2000—2009年），绿洲棉花总产量提高到210.0万t/10年，占全国棉花的比例提高到了34.5%，地位进一步提升，在发展进程中呈现"跨越"的繁荣景象，是第一个"黄金期"。

21世纪初期，绿洲播种面积平均值增长到129.3万hm²/10年，占全国的比例提高到了26.1%，地位的提升成就了第一个"黄金期"。其中2008年绿洲棉花产量"翻番"，2000年面积首次突破100万hm²达到

101.2万hm²。

21世纪初期，绿洲棉花单产的平均值提高到1 596kg/hm²，单产高于全国平均水平33.1%，其中2002年单产水平首次突破"亩产双100斤"达到1 565.0kg/hm²。在这期间的2009年，在南疆阿拉尔市创大面积单产最高纪录，测定籽棉单产12 090kg/hm²，皮棉产量约4 500kg/hm²。

21世纪10年代（2010—2019年），绿洲棉花总产提高到410.2万t/10年，占全国比例提高到了66.9%，其中2018年总产突破500万t，达到511.1万t，再次证实"翻番"繁荣景象，是第二个"黄金期"。

21世纪10年代，绿洲棉花播种面积平均值增长到202.9万hm²/10年，占全国比例提高到了54.5%，成就了第一个"黄金期"的面积基础，2008年棉花产量实现了"翻番"，2014年播种面积首次突破200万hm²达到242.1万hm²。

21世纪10年代，绿洲棉花单产平均值提高到1 936kg/hm²，高于全国棉花平均水平的22.5%，其中2012年单产水平达到2 057kg/hm²。

四、棉花产能"超越状态"

2018—2024年，绿洲棉花产量处于历史上的超越时期，延续鼎盛景象和"黄金期"。

总产量不断增长。这7年棉花年均总产为522.7万t，总产量从511.1万t增长到568.6万t，年均增长率为1.79%。总产占全国棉花总产比例的平均值从83.7%扩大到92.2%，扩大了8.5个百分点，占比平均值为88.4%。

播种面积稳中有降*。2018—2024年，播种面积年均值为247.9万hm²，2021年面积最大达到250.6hm²，播种面积占全国棉花比例的平均值从74.3%扩大到86.2%，扩大了11.9个百分点，占比平均值为

---

* 包括"帮忙田"实际面积大于统计面积仍在扩大。

80.9%，面积占比高于产量的占比。这7年总产纪录不断刷新并进一步延续"黄金期"的鼎盛状态。

单产进入高位并不断上升[*]。2018—2024年，单产从2 051kg/hm^{2}提高到2 323kg/hm^2，年均增长率为2.10%，单产平均值为2 110kg/hm^2。单产水平从低于全国平均水平12.8%到高于全国平均水平7.0%，提高了19.8个百分点，可见单产在很高水平上仍保持增长。

近5（2014—2020）年，产量从516.1万t增长到568.6万t，5年间增长了10.2%。播种面积年均值为246.4万hm^2，在全国占比高达到83.2%，单产平均值提高到2 150kg/hm^2，高于全国棉花平均水平8.2%。棉花单产水平的不断提升和面积的扩大以及占全国比例的提高进一步巩固了新疆棉花的"棉花王国"的地位。

五、特色棉的发展

新疆绿洲还是特色棉的生产基地。南疆和东疆是全国唯一的海岛棉（长绒棉）种植区。有统计资料的年份为1955年，1955—1979年海岛棉平均播种面积为1.4万hm^2，年均产量为0.5万t；1980—1989年，年均播种面积为3.0万hm^2，年均产量为2.6万t，其中1990年播种面积最大达到6.3万hm^2，占当年新疆棉花播种面积的14.4%；1996年产量最大达到6.0万t，占当年新疆产量的9.0%。

21世纪以来，绿洲长绒棉生产发展加快。2000—2021年，绿洲长绒棉年均播种面积10.9万hm^2，占全疆面积平均值比例为6.2%，年均产量17.4万t，占全疆产量比例为5.4%。其中2016年播种面积最大达到25.6万hm^2，占全疆面积比例高达14.2%；产量最高达到40.8万t，占全疆产量比例高达9.7%。棉花的多样性为纺织工业提供了丰富原料。

绿洲彩色棉有规模的种植始于20世纪90年代，但总量并不大，都

---

[*]　如果包括"帮忙田"实际单产会低一些。

采用"订单种植、订单收购、订单销售",丰富了纺织纤维原料的品种类型,是市场化程度较高的一种原料。

六、棉花初级加工与公证检验

新疆绿洲不仅棉花种植规模大,棉花初级加工(轧花)规模也较大。据统计,2018/2019年度,加工企业791家,加工生产线1 301余条,加工量487万 t。从分布来看,南疆425家、北疆333家、东疆33家。2023/2024年度,加工企业1 005家,加工生产线2 800余条,加工量516.4万 t。其中,南疆532家、北疆443家、东疆30家,加工能力充裕。

绿洲棉花加工设备齐全。细绒棉采用"121"轧花加工新工艺、"5571"轧花工艺和机采籽棉加工工艺。机采籽棉加工采用"400型"锯齿轧花机生产线。海岛棉采用皮辊加工工艺。针对机采籽棉杂质问题实行籽棉皮棉多道清理,目前正在推广"柔性"加工工艺以实现减损保质加工。

新疆绿洲棉花全部采用公证检验。全区共有17家国家棉花公证检验实验室参与,分布在棉区各地,目前使用大容量纤维测试仪(HVI)进行检测,公证检验的品质和重量结果作为棉花贸易的结算依据。检测项目包括颜色级、长度、整齐度、断裂比强度、马克隆值和加工质量等指标。

七、棉花品质的发展

不断提高棉花品质满足纺织工业的需求是棉花科技发展的主要目的,75年以来,新疆绿洲棉花品质得到全面改进提升。

20世纪50—90年代,与全国一样,绿洲棉花以高产优质为导向,当时主要攻克迟发晚熟问题，有效提高了早熟性和霜前花率，减少杂质和纤维含糖量，提高棉花的可纺性能，困扰纺织业的异型纤维也有所改善。

进入21世纪特别是最近10年，绿洲棉花以高产高质为导向，主攻内在品质和外在品质的协调提升，不断提高遗传品质，改进纤维的清洁度和一致性，棉花可纺织性能不断提高。据国家公证检验，2016—2024年高品质原棉占比不断提升，除2020年受新冠疫情影响外，8年高品质原棉占比均值达到34.2%，近几年提升加快，其中2023年达到53.0%，2024年提高到58.2%，超过农业农村部2021年发布的《"十四五"全国种植业发展规划》提出的高品质原棉占比45%左右目标。然而，整体上绿洲原棉品质位于中等偏上水平，清洁度和一致性仍需改进提升，高品质棉花短缺，集中度低，供给保障能力仍偏弱（图1-4）。

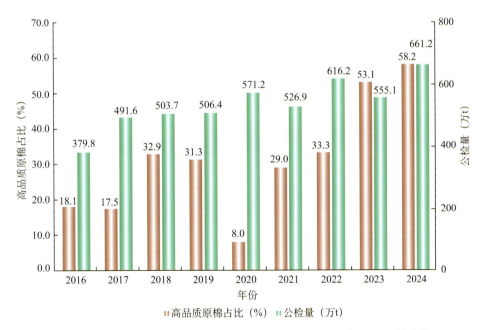

图1-4 2016—2024年新疆绿洲原棉公证检验量和高品质原棉占比

第二章
新疆绿洲棉花发展的原因

一、建设优质商品棉生产基地和
特大优质商品棉生产基地

从优质商品棉基地建设到特大优质商品棉基地建设再到高品质棉花带建设项目，叠加西部大开发战略和目标价格政策，这些是支持、引导绿洲棉花发展的关键性、基础性政策因素，在绿洲棉花发展的历史进程中具有特别突出的地位。

（一）优质商品棉生产基地建设

"七五"（1986—1990年）到"八五"（1991—1995年）时期，新疆建成优质棉生产基地县33个，兴建良种棉加工厂29个，"九五"（1996—2000年）到"十二五"（2011—2015年）时期，国家继续支持新疆建设特大优质商品棉生产基地，结合西部大开发战略，新疆出台"一黑（石油）一白（棉花）"举措作为农业农村经济的主要工作，新疆"九五"规划提出"争取到20世纪末把新疆建成全国最大的商品棉生产基地，实现棉花种植面积107万 hm^2，总产150万 t 的宏伟目标"，到2000年棉花播种面积101.2万 hm^2，总产达到150.0万 t，圆满完成了"九五"规划翻番的目标任务，也是全国棉花布局转移取得成功的重要标志。

据不完全统计，优质商品棉基地建设投入资金规模达到118.16亿元。具体措施包括：一是改造中低产田，建设高产棉田。二是大力兴修水利和农田设施，兴建新水库并除险加固原有水库，新打机井，硬化输水渠道。三是建设农业技术推广、植保服务、肥料推广和农机化服务4个体系。四是兴建原种基地和商品种子基地，形成全疆棉花良种育繁推一体化的种子体系，兴建大容量棉纤维质量检验室、棉花育种中心和生物育种中心等基础设施。

是什么原因推动全国棉区从长江流域棉区、黄河流域棉区向西北内陆新疆棉区转移？分析认为1991—1992年黄河流域棉区棉铃虫大暴发，加上气候异常特别是持续多年的秋湿烂铃导致传统棉区棉花连年减产降质，植棉收入大幅下降，即生物灾害与极端气候异常的叠加是推动全国棉区布局转移的根本原因。

（二）特大优质棉生产基地到棉花保护区建设

"十三五"（2016—2020年）时期新疆特大优质棉生产基地建设项目被迫中断。按照《国务院关于建立粮食生产功能区和重要农产品生产保护区的指导意见》国发〔2017〕24号，设定160万hm²为棉花生产保护区。2019年中央1号文件《中共中央　国务院关于坚持农业农村优先发展做好"三农"工作的若干意见》提出，"恢复启动新疆优质棉生产基地建设"。

（三）高品质棉花种植带建设

2021年12月农业农村部发布《"十四五"全国种植业发展规划》，提出"到2025年全国高品质棉花占比达到45％左右"，首次规划"在新疆天山北坡适宜棉区、南疆巴音郭楞蒙古自治州和阿克苏地区等，开展高品质棉花种植带建设，提升高品质棉花生产集中度。"

2025年中央1号文件《中共中央　国务院关于进一步深化农村改

革、扎实推进乡村全面振兴的意见》提出推动棉花、糖料、天然橡胶等产业稳产提质。

二、目标价格支持政策

在全国棉区向绿洲转移取得成功的基础上，进入21世纪绿洲棉花迎来了更大规模的产能扩张时期，总产分别实现"翻番"的巨大效果，从临时收储、到目标价格改革试点再到目标价格是关键性、基础性的支持政策。

2008/2009年度国家出台临时收储政策，面向全国，设定价格12 085元/t。

2009/2010年度到2010/2012年度，价格由市场形成。

2011/2012年度到2013/2014年度，国家出台仅针对新疆3年的临时收储政策，价格分别为19 800元/t、20 400元/t和20 400元/t。

2014/2015年度到2016/2017年度，国家出台针对新疆棉花3年的目标价格试点，价格分别为19 800元/t、19 100元/t和18 600元/t。

2017/2018年度到2023/2024年度，国家出台针对新疆的目标价格为18 600元/t。

目标价格支持政策具有稳定棉农（植棉者）的收益预期、促进植棉增收和规避市场风险等综合效果，在目标价格之下"棉花增产即增收"，生产的稳定性和持续性得到不断加强。研究指出，目标价格在引导绿洲棉花种植规模不断扩大、单产水平不断提高和总产持续增长方面发挥着关键性基础性作用，吸引大量内地资本赴疆承包土地从事棉花种植和加工，也推高了土地流转成本，负面效应即表现为短期行为，阻滞绿色生产、阻滞转型升级提质增效，以及长江流域和黄河流域棉花的持续萎缩。

三、扩大耕地和棉花面积，建设高产稳产农田

（一）适度开垦荒地，棉花占播种面积比例大

适度开垦宜农荒地是扩大耕地面积的主要途径，也是扩大棉田面积的主要来源。据新疆统计年鉴，1978—2021年，全疆耕地总面积从318.5万hm²增长到704.1万hm²，增加385.6万hm²，增长1.2倍，年均净增11.3万hm²。根据2022年1月20日第三次国土调查主要数据公报，至2019年12月31日新疆耕地总面积703.86万hm²。2019年棉花种植统计面积251.05万hm²，棉花面积占当年耕地总面积的比例为35.7%。

（二）农作物总播种面积扩大，棉花集约化种植程度高

据《新疆统计年鉴》，1978—2021年，全疆农作物播种总面积从302.2万hm²增长到638.7万hm²，增加336.5万hm²，增长1.1倍，年均净增7.8万hm²（图2-1）。在农作物播种总面积中，棉花播种面积从1978年的15.0万hm²增长到2021年的250.6万hm²，增长15.7倍，其中

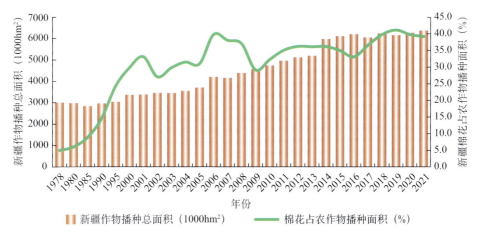

图2-1　1978—2021年新疆农作物播种总面积及棉花播种面积占比

2019年棉花播种面积占农作物总播种面积的比例高达41.2%，棉花实际播种面积大于这一数据，表明棉花生产的集约化程度高，其中北疆天山北坡一线棉花播种面积的占比高达80%，集约化程度更高，是全国乃至全球最典型的棉花生产集中带。

（三）建设高标准农田/棉田

在特大优质棉生产基地建设和农业开发项目等项目的支持下，在风沙土、盐碱土、水土流失等低产田改良基础上，进一步建设高标准农田，到2024年新疆地方（不含兵团）已累计建设高标准农田2 813万hm²，占永久基本农田的72.8%，农田灌溉水利用系数由2018年的0.55提高到2022年的0.573（图2-2）。

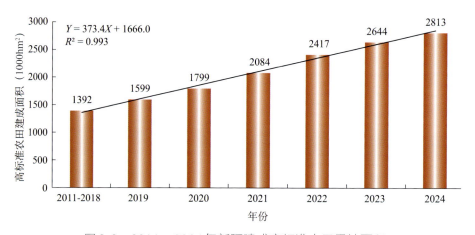

图2-2　2011—2024年新疆建成高标准农田累计面积

高标准农田作物增产效果显著，其中小麦单产提高5%以上，玉米单产提高20%以上，棉花单产提高10%以上，实现粮棉双丰收。

（四）农田灌溉面积持续增长

收多收少在于水。灌溉面积增长为绿洲农作物丰收创造了基本条件。1975年，耕地灌溉面积为257.2万hm²，1978—2000年，全疆灌溉总面积净增长48.8万hm²，增长19.0%。随着"农田节水工程"、低产田改良等大型农业项目推进，耕地平整、机电井灌溉等农田水利设施大幅改进，2000—2021年，耕地有效灌溉面积从225.7万hm²增长到387.9万hm²，增加162.2万hm²，增长71.9%，年均增加14.7万hm²。同期，节水灌溉面积从126.6万hm²增长到285.6万hm²，增长159.0万hm²，增长125.6%（图2-3）。

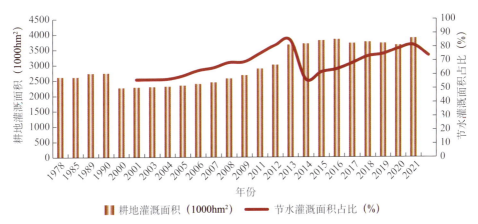

图2-3　1978—2021年新疆耕地灌溉面积增长及节水灌溉面积占比

进入21世纪，随着输水渠道硬化，渗透得到有效解决，输水效率提高，农田灌溉采用膜下滴灌、喷灌、微灌等高新节水技术，全疆节水灌溉面积占灌溉面积的比例达到84.5%，水利用系数达到0.50以上，特别是棉田膜下灌溉和水肥耦合一体化全覆盖，水肥利用率更高。

（五）灾害预防和救治水平不断提高

针对自然和气候灾害，不断加强绿洲农业防灾减灾能力建设。新疆人工防冰雹体系较为完备，依靠气象卫星，以及多类型气候雷达、探空仪等现代化探测设备，建立冰雹灾害预测预报机制，提高人工干预的准确性和有效性，提高气候灾害防御能力。

四、加快科技进步，支持棉花生产发展

科技进步是支持新疆棉花发展的第三大要素，新疆持续加强棉花的试验研发，不断培育新品种，研发新技术新产品新工艺并推动棉花技术的创新和应用，提高科学植棉水平。

（一）培育和推广种植棉花新品种

与全国一样，绿洲棉花品种经历了从引进到自主选育的过程，数量上从供给短缺到丰富到过剩。20世纪50—70年代，为品种供给短缺时期。80—90年代，是从供给短缺到供给基本平衡时期。2000年《中华人民共和国种子法》颁布以后，我国种子供给进入了市场化时代，从供给平衡到极大丰富再到相对"过剩"时期。

根据绿洲生产条件的多样性特征，新品种选育也呈现多样性。按熟性分，陆地棉熟性有中熟、早中熟、早熟和特早熟品种，以及陆地棉的彩色纤维品种与早熟海岛棉品种。据统计，1981—2024年，西北内陆新疆棉区初次审定棉花品种525个，其中新陆早系列品种230个，占43.8%；新陆中系列品种165个，占31.4%；早熟海岛棉品种80个，占15.2%；彩色棉系列品种50个，占9.5%（图2-4）。

——**不断改进提高农艺性状和产量性状**。棉花生育期性状改进效果最为显著，新品种生育期普遍缩短15 ~ 20d以适应无霜期短和提升早熟性的需要。新品种的成铃率提高、脱落率降低、单铃重提高和衣分提高是产量性状改善的主要特性。与20世纪50—60年代比较，单铃重提高60%以上普遍达到5 ~ 6个/g，衣分提高7 ~ 10个百分点普遍达到40% ~ 45%，脱落率从70%以上降低到50%上下。

——**不断提升抗逆性**。通过选育不断改进棉花主要病害——枯萎病和黄萎病的抗耐能力，其中枯萎病改良效果最为显著。

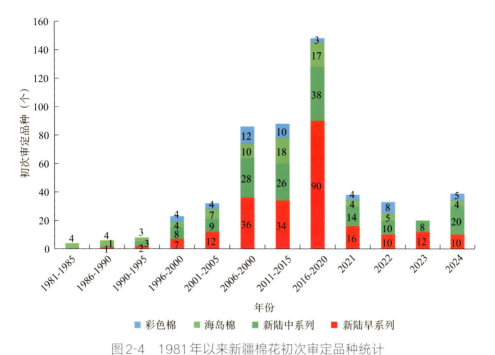

图2-4 1981年以来新疆棉花初次审定品种统计

注：初次审定不计同一品种的重复审定，包括国家审定、地方审定与认定。

——不断改进提高遗传品质。21世纪以来品质改良进程加快，在审定陆地棉品种中，纤维长度再延长1～2mm，达到30～34mm；断裂比强度提高2～3cN/tex，达到或超过30～32cN/tex（即"双三零"品质）；整齐度指数在83%～85%水平上，达到高品质品种指标要求。新疆绿洲棉花新品种的遗传品质早已进入"双三零"。然而，遗传品质与商品原棉品质还有差距，从遗传品质到生产品质再到原棉品质呈现递减效应。

（二）创造性发明绿洲棉花"密矮早膜"栽培模式和技术体系

绿洲"密矮早膜"模式的创造经历了如下三次飞跃发展的过程。

第一次飞跃始于20世纪80年代末。一是地膜覆盖技术掀开了棉花栽培的革命性变化。在地膜覆盖增温、保墒、抑盐、控草、提早播种、一播全苗和壮苗早发早熟等综合效应的作用下，棉花单产得到显著提高。二是创新性地发明了高密度种植技术，采用窄行密株，提早播种的方式进行种植，种植密度为15万～18万株/hm²。三是创新性地发明了全程化学调控技术，矮化植株，株高70～80cm。第一代"密矮早"技术应用，棉花单产比20世纪70年代露地直播增产50%，实现了单产的第一次跨越，区域单产水平跃上1 500kg/hm²的台阶，成为全国单产最高的产区。

第二次飞跃是在20世纪90年代末期至21世纪初的密矮早膜"三改"。一改窄膜覆盖为宽膜覆盖，地膜覆盖宽度204cm，采用聚乙烯软管输水，膜下滴灌，一幅地膜覆盖3～6行棉花，密度再次提高到30万株/hm²，南疆播种提早到3月底4月初，北疆提早到4月上旬。由于覆盖度增加，增温保墒抑盐效果更加显著，光能利用率可提高到3.0%左右，比窄膜覆盖再增产15%。二改地面灌溉为地下聚乙烯软管输水滴灌，并进行综合防治，形成"密矮早水防"和膜下滴灌水肥一体化超高产栽培新模式，实现节水70%，增产30%以上。第二代"密矮早膜"的应用区域单产水平跃上1 650kg/hm²的高台阶，创一批大面积高产条田与连队典型，2009年李雪源领衔在750hm²创造籽棉12 090kg/hm²的高产纪录（皮棉4 500kg/hm²，国家棉花产业技术体系验收）。

第三次飞跃为进入21世纪特别是最近10年全程机械化和精准技术赋能"密矮早膜"模式。一是现代农业装备包括大中型拖拉机及配套机具、激光平整机、播种覆膜打孔铺滴灌管一体机、北斗导航、植保农用无人机、采棉机、秸秆粉碎机、残膜回收机等。二是智慧AI赋能精量播种、精准滴灌、精准防治、精准脱叶、精准采收等，生产效率和资源利用率显著提升，比常规技术增产15%～20%，节肥30%～40%，灌溉水利用率提高到70%，具有高产超高产的潜力。2024年精河县高产创建项目区取得机采籽棉"百亩"创建面积平均单产11 154kg/hm²、"千亩"创建面积平均单产10 014kg/hm²和"万亩"创建面积平均单产9 457.5kg/hm²的水平，创全球大面积高产纪录。

五、大力发展农业机械化

（一）农业机械化达到较高水平

新疆绿洲农业机械总动力和大中型农机具快速增长，农业机械化已达到较高水平。1960—1978年全疆农业机械总动力增长了12.52倍，1980—1995年增长了1.64倍。进入21世纪，农业机械总动力又迎来了发展的新时代，2000—2021年增长了2.5倍（图2-5）。

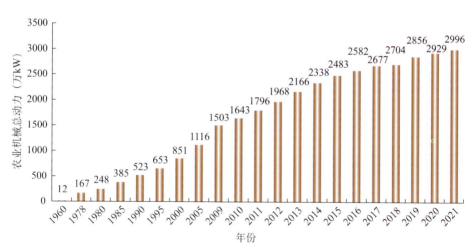

图2-5　1960—2021年新疆农业机械总动力增长情况

数据来源：据各年新疆统计年鉴整理。

全疆农用大中型拖拉机从2000年的6.2万台增长到2021年的40.7万台，增长了5.56倍，大中型拖拉机配套农具从2000年的15.6万台增长到2021年的43.4万台，增长了1.78倍。

到2024年，新疆棉花机械化综合耕种收率达97%，机采率达90.8%，接近美国植棉水平。

新疆绿洲棉花机械化采收始于21世纪初期。2006—2024年，机械化采收面积从 5.4 万 hm² 增长到 222.3 万 hm²，增长 40.2 倍，占播种面积的比例从 9.0% 增长到 90.8%，扩大 81.8 个百分点，其中北疆全面实现机械化采收（图 2-6）。

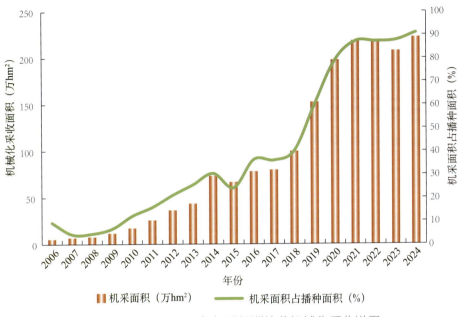

图 2-6 2006—2024 年新疆绿洲棉花机械化采收进展

数据来源：据中国棉花长势监测预警报告。

（二）机械化采收大幅提高了植棉效率

在新疆绿洲，同一块棉田手工采摘从 9 月中旬持续到 11 月，需时 40 ~ 50d，过去千军万马进疆采收，起早摸黑，如今人工仅做辅助采收工作，每亩采收仅需人工不到 1h，同一块千亩棉田机采仅几个小时，节省时间和劳动力都超过九成，劳动强度大幅减轻。

采棉机保有量增长。新疆绿洲采棉机保有量从 2006 年的 303 台增长到 2024 年的 7 000 台，增长 22.1 倍，建立了较多具有一定规模的农机专业合作社。因生产效率大幅提高，大规模植棉家庭农场和专业合作社不断涌现。

（三）新质生产力赋能棉花种植管理收获现代化

新疆是全国最早采用精准技术实现精量播种、精准肥水滴灌的棉区，以卫星数据服务为支撑的智能化技术，进一步提升包括精准播种、精量施肥、灌溉和肥水耦合、精准化调控和长势监测预警的决策支持能力。

六、形成高技术高投入高成本生产模式

高技术、高投入和高成本的"三高"模式是西北内陆新疆棉花生产的又一特点。2019—2021年3年西北内陆棉区单位面积表观生产成本为2 250.59元/亩，高于长江流域61.1%和黄河流域57.2%。在总成本构成中，西北内陆各年物化成本分别占62.0%、61.9%和63.7%，即总成本中六成以上为物化投入，高物化成本表明物化投入多，化肥、地膜、滴灌水、农药、种子、机械作业和电费等都明显高于长江流域和黄河流域棉区，在全球产棉大国、大地区中，新疆绿洲棉花生产成本也是最高的（表2-1）。

表2-1　2019—2021年全国及各棉区棉花生产单位面积表观总成本

单位：元/亩

年份	长江流域	黄河流域	西北内陆	其中	
				北疆亚区	南疆亚区
2019	1 398.36	1 436.50	2 184.96	1 994.35	2 316.13
2020	1 404.52	1 418.79	2 220.47	1 988.96	2 376.39
2021	1 389.14	1 440.72	2 346.34	2 120.51	2 498.35
平均	1 397.34	1 432.00	2 250.59	2 034.61	2 396.96

数据来源：据中国棉花生产景气报告。

七、形成较高的生产效率

按2024年的棉花高产水平、中大型家庭农场的种植规模和全程机械化作业进行测算，绿洲1个工日可生产皮棉150kg，即1h生产皮棉18kg，每吨皮棉约需工时111h，生产效率已达到美国20世纪80年代水平。

第三章
延伸棉花产业链增值链，打造西部纺织服装新高地

纺织品是生活必需品，纺织业是朝阳产业。2024年我国居民人均纺织品服装消费量达到26kg，已达到中等发达国家的消费水平，随着人们生活水平的提高，棉纺织品服装消费仍具有较大增长潜力。

打造西部纺织高地，延伸棉花产业链提升价值链，把绿洲的植棉业经济优势、土地资源优势、能源优势、劳动力资源优势转化成工业产品优势，必将大幅提升新疆在全国棉花产业链供应链中的地位，通过加深融入全国发展新格局和统一大市场中实现西部区域经济的高质量发展。这对加快推进"兴边富民、稳边固边"促进新疆社会的稳定和长治久安具有决定性作用，对加快建设棉花农业/棉花强国，推进棉花产业高品质、高质量发展有着重要意义。

一、两次中央新疆工作座谈会之后的纺织业

2010年和2014年中央新疆工作座谈会确立了新疆发展棉花纺织业的战略目标，结合西部大开发战略，以及响应"一带一路"倡议，在各省（自治区、直辖市）援疆项目的支持下，新疆积极承接全国棉纺织产业转移，正逐步成为全国棉纺织产业的新型基地，纺织产能大幅提高，产业高地规模初显。

2010年，第一次中央新疆工作座谈会召开，新疆纺织业快速发展，

全国纺织500强和国内外知名企业已有40余家进疆投资建厂，兴建和重组棉纺产能占全区总产能的85%左右，内地进疆知名企业成为新疆纺织业的主力军。

2014年5月，第二次中央新疆工作座谈会确定发展纺织服装产业带动就业战略。2015年1月《国务院办公厅关于支持新疆纺织服装产业发展促进就业的指导意见》发布。之后新疆陆续出台《关于发展纺织服装产业带动就业的意见》《发展纺织服装产业带动就业规划纲要(2014—2023年)》和《发展纺织服装产业带动就业2014年行动方案》等政策，出台专项资金、运费补贴、社保和培训补贴、增值税支持、贴息等一系列支持纺织服装业发展的优惠政策，并列入援疆省份的考核指标，在一系列利好政策支持下，在新疆和援疆省份的共同努力下，一大批内地企业来新疆投资建厂，投资项目成倍增长，产业规模大幅扩大，新疆正在形成以棉纺织为主，针织、服装、家纺等逐渐壮大的产业链体系。

2014—2021年，新疆纺织行业规模以上企业从80家增长到193家，增长141.0%（表3-1）。

表3-1　2014年和2021年新疆纺织行业规模以上企业主要经济指标

项目	企业单位数（个）	工业产值（亿元）	营业收入（亿元）	利润总额（亿元）	从业人员（人）
			2014年		
(1) 纺织业	80	136.78	134.71	5.37	29 682
其中：棉、化纤、纺织机印染精加工	71	124.99	124.15	4.84	29 032
(2) 纺织服装、制鞋、制帽业	8	3.97	4.75	0.29	1 886
(3) 化学纤维制造业	17	87.73	97.28	3.27	10 214
纺织行业 (1)+(2)+(3)	105	228.48	236.74	8.93	41 782

（续）

项目	企业单位数（个）	工业产值（亿元）	营业收入（亿元）	利润总额（亿元）	从业人员（人）
2021年					
（1）纺织业	193	—	547.63	25.47	71 295
其中：棉、化纤、纺织机印染精加工	171	—	525.85	22.77	67 627
（2）纺织服装、制鞋、制帽业	71		31.06	0.37	23 039
（3）化学纤维制造业	18	—	120.55	−3.00	9 062
纺织行业（1）+（2）+（3）	282	—	699.24	22.84	103 396

数据来源：新疆统计年鉴。

根据规划，到2023年，新疆棉纺纱锭从2013年的700万锭增长到2 000万锭，织机超过5万台，针织面料25万t，服装服饰达到8亿件（套），纺织服装全产业就业人数从20万人增加到100万人，其中南疆劳动力在全疆全行业的就业人数达到65万人以上。

二、绿洲纺织业产能大幅提高，初显纺织高地曙光

经过10年发展，新疆西部纺织高地建设已见成效，从"三城七园一中心"到棉花和纺织业集群，产业链得到不断延伸，增值链得以不断拉长，附加值不断提高，出口额不断增长，就业岗位不断增加，为绿洲经济社会效益做出重要贡献。

（一）2010—2024年绿洲纺织业发展成效

新疆绿洲棉纺织纱锭从38.7万锭增长到2 910万锭（非最终数据），年均增长36.15%（图3-1）。

图3-1 2010—2024年新疆棉纺织锭、纱产量和化纤产量增长情况

数据来源:《新疆统计年鉴》。2023年和2024年非最终数据。

纱产量从41.58万t增长到267.3万t,年均增长14.21%。

棉布织机从6 532台增加到62 000台,年均增长17.44%。

棉布产量从1.51亿m增长到24.9亿m,年均增长22.16%(图3-2)。

图3-2 2010—2024年新疆布和服装产量增长情况

数据来源:《新疆统计年鉴》整理。2023年和2024年非最终数据。

服装产量从1 451万件增长到4 068.6万件（2023年），年均增长8.5%（图3-2）。

棉花就地消化率从不足10%提高到42%，扩大了近30个百分点。

（二）2010—2024年绿洲纺织业在全国占比提升

新疆绿洲棉纺锭占全国比例从0.4%提高到26.5%，提高近26.1个百分点。

纱产量从占全国的1.5%提高到12.1%，提高10.6个百分点。

棉布产量从占全国的0.2%提高到2024年的8.1%，提高近8个百分点。

新疆绿洲纺织业产能和出口贸易比例大幅提高。2010—2024年，新疆本土纺织品服装出口额从60.9亿美元增长到2024年的153.9亿美元，增长152.7%，占全国比例从2.6%提高到5.1%，增加2.5个百分点。

由此可见，新疆棉花和纺织业在全国产业链供应链中的地位得到了极大的提升。

三、绿洲纺织业发展历程

（一）优质纺织企业进疆，规模不断扩张

2014年以来，按照国家部署，新疆作为"一带一路"节点区域，投资新疆纺织业逐步成为热土，进疆投资纺织工业、服装业的是一批具有国际知名度的纺织服装企业和国内优秀上市棉纺织企业集团。包括但不限于：江苏金昇、山东如意、华孚时尚、际华集团、河南新野、天虹、鲁泰、溢达、江苏联发、巨鹰集团、思维纺织、滨州金源、睿宸纺织、华盛纺织等，其中多家还是开展国际化经营的跨国公司，如际华集团、溢达集团、雅戈尔、华孚时尚等（表3-2）。

表3-2　部分入疆棉纺企业国际化和在新疆投资情况
（华珊，2021；毛树春，2025）

序号	公司名称	投资新疆的国际和国内知名企业
1	天虹集团	天虹集团在越南先后投资建设天虹仁泽、天虹银龙等项目，拥有纺纱产能超过125万锭，是越南最大的纱线生产企业。天虹占全越南约700万锭总生产规模的17.8%，年生产纱线约30万t，占越南全国70万t纱总产量约43%。 2015年以来，该集团在新疆奎屯兴建100万锭纺纱产能，与中国恒天集团联合投资90亿元兴建300万锭棉纺织产能，占地102.4hm^2，2015年动工建设，2016年投产运行，新增就业岗位9.7万个
2	鲁泰集团	2015年鲁泰集团全资子公司鲁泰（香港）有限公司在越南西宁省福东工业园区投资建设6万锭纺纱、3 000万米色织面料生产线项目。鲁泰缅甸公司现有6条缝制生产线，年产高档衬衫300万件。 2017年"东锭西移"项目：投资4.5亿元扩建10万锭棉纺产能，总规模22.8万锭，生产80支以上高支纱，吸纳就业1 500人。 2018年，再兴建23万锭精梳棉纺项目：再投资8.5亿元建成，年产高支纱1万t，年产值5亿元，吸纳就业1 154人。 该公司，2003年参与新疆阿瓦提县丰收三场改制，成立新疆鲁泰丰收棉业，整合当地棉花种植、加工及棉纱生产
3	如意集团	2010年，如意集团收购日本上市公司瑞纳株式会社且在英国、意大利、德国、印度等国进行了一系列的品牌收购。 2016年，如意又完成对法国时尚SMCP集团的控股收购。2017年10月宣布收购美国英威达（Invista）公司服饰纺织业务。 2014年，该集团在喀什经济开发区投资200亿元在喀什建设300万纱锭产能的纺织工业园，打造全产业链集群。 2017年，该集团投资疏勒县数字化智能纺织项目，建设"80万锭数字化智能科技纺织示范基地"，总投资40亿元，采用国际先进设备，达产后年销售额50亿元，直接带动5 000人就业。 2024年，因债务危机，如意集团实控人旗下四家新疆纺织公司（新疆如意时尚纺织科技、新疆如意纺织企业管理等）的破产资产被拍卖，起拍价3.04亿元

（续）

序号	公司名称	投资新疆的国际和国内知名企业
4	雅戈尔	2005年，新疆雅戈尔棉纺织有限公司在喀什市注册成立，总生产能力31.2万精梳纺锭和100台高速喷气织机等。 2009年，新疆雅戈尔在新疆并购多家纺织企业，产能扩大。 2010年，在阿瓦提县（中国长绒棉之乡）总投资10亿元的棉纺项目，兴建30万锭紧密纺及15万锭倍捻项目。 2012年，已拥有新疆3家纺织企业、1家棉花加工厂及2 200名员工，成为喀什地区最大工业企业。产品覆盖精梳纱、混纺纱等80多个品种，销往国内及海外市场。 该公司经营新疆长绒棉20多年，5 000t籽棉的轧花加工厂，拥有种植和加工优势
5	溢达集团	投资中国、马来西亚、越南、毛里求斯及斯里兰卡建厂，在全球拥有员工4.7万人，年产成衣近1亿件，是全球最大的纯棉衬衫生产商之一。 1998年，新疆溢达纺织有限公司成立。在新疆乌鲁木齐、吐鲁番、阿克苏阿瓦提县、沙雅县、鄯善、昌吉市、喀什建7家棉花种植和纺织企业，总投资逾2亿美元，形成从棉花育种、种植、轧花到生产高支及特高支棉纱的一体化的全供应链生产企业，拥有紧密纺纱等先进装备，年采购长绒棉超1万t。提供就业岗位3 000多人，是外商在新疆投资规模最大的企业之一。 在新疆绿洲长绒棉的基因组学研究、品种选育、有机种植等方面具有优势。 2025年，无水染纱项目落户石河子开发区纺织产业园，合作投资总规模5 500万元，预计年节水近6万 m^3，年产值7 000万元
6	金昇集团（新疆利泰）	2013年，该集团收购瑞士欧瑞康天然纤维纺机及纺机专件全部资产和股权。 2016年，金昇投资在乌兹别克斯坦建设利泰西路乌兹别克园区。 2015年，金昇旗下新疆利泰丝路投资有限公司在库尔勒市经济开发区总投资600亿元、拟建产能600万锭的棉纱锭工厂。首期投资160亿元100万锭早已投产，2021年二期投资30亿元。 2016年，该集团智能机械产业在乌鲁木齐投资6亿元，实现年销售30亿元。 2020年，在麦盖提县总投资12.3亿元，建成24万锭绿色纺纱工厂，2020年12月试生产，年产6万t棉纱，年产值8.5亿元

（续）

序号	公司名称	投资新疆的国际和国内知名企业
7	华孚色纺	2013年，华孚色纺有限公司在越南设立子公司。2014年越南华孚色纺一期6万锭生产线正式上线生产。2015年底，在越南投资纺纱12万锭、染色1万t。2016年，越南二期工程16万锭色纺纱项目开工建设。 2006年，华孚进入新疆，在阿克苏、奎屯、石河子、五家渠等建有纱锭50多万锭。 在新疆还经营棉花种植和收购加工
8	江苏联发	2019年，江苏联发股份发布投资公告称，拟在印尼投建年产6 600万米高档梭织面料的项目，总投资约为1.9亿美元。 在阿克苏纺织园建有棉纺织纱锭10万锭，拥有棉花加工厂
9	新疆中泰	2020年，新疆中泰有限公司在莎车县投资60亿元，建成200万锭棉纱产能。第一期工程投资19亿元，建成50万锭产能将于2021年投产，纺棉12.5万t，增加就业岗位2 500人
10	思维纺织	2021年，新疆思维纺织科技有限公司在阿克苏地区阿瓦提县投资兴建35万锭纺纱项目、1 050台喷气织机项目，计划投资17亿元，项目分两期建设。一期计划投资8亿元，建成12.4万 m^2 厂房、1万头气流纺、5万锭紧密纺、200台喷气织机；二期计划投资9亿元，建设20万锭紧密纺、850台喷气织机
11	新疆利华	2019年，该公司在沙雅县完成固定资产投资17亿元，建成50万锭规模的棉纺织工业园，年纱线产销量7万t，就业岗位3 000人。 2023年11月，在库车市兴建70万锭棉纺项目一期建成投产。 该公司是一家集棉花良种繁育、种植、收购加工、纺织服装、贸易等为一体的全产业链企业，流转土地和植棉面积的规模大，拥有一批加工轧花企业和纺纱企业
12	金源集团	2022年，该集团在阿图什市建立克州润华纺织科技有限公司，总投资13.3亿元，兴建纱锭30万锭、织机1 000台，产品定位为高档棉纱、特种纤维、特种工艺纺纱、服装面料和大提花家纺面料等，年产纱线4.1万t，高档面料5 200万m，吸纳就业2 600人
13	新诚誉	2023年，该公司在岳普湖县投资兴建30万锭精梳纺纱项目，总投资10亿元，建设车间12万 m^2，年产精梳纱线2.4万t，产值15亿元

（续）

序号	公司名称	投资新疆的国际和国内知名企业
14	新疆睿宸	2024年，睿宸纺织（上海数智世界）在阿拉尔经济技术开发区投资建设"超级工厂"。总投资35亿元，建设80万锭纺纱生产线及相关配套设施。项目分两期建设，第一期50万锭纺纱生产线及相关配套设施于2024年7月已基本完成建设，并全线投产；第二期30万锭纺纱生产线及相关配套设施于2024年6月施工，11月底完成基础设施建设。 上海数智世界在阿拉尔经开区还投资有睿格纺织30万锭产能，将打造总产能达110万锭的大型智能纺纱园区。全部建成后可纺织棉花20余万t，生产纯棉纱线约18万t，带动就业4 000余人
15	际华集团	2024年9月，际华集团成立新疆华锦生态纺织印染有限公司，出资1.65亿元，100%持股，公司位于巴州库尔勒市库尔勒经济技术开发区，经营范围包括面料印染加工、服装制造、棉花收购、棉麻销售、货物进出口等。通过建设纺织印染项目补齐新疆纺织服装产业的短板
16	新疆华盛	2023年，新疆华盛纺织科技有限公司通过招商引资落户于麦盖提县城南工业园区，主要生产24支、40支纯棉纱线。二期项目总投资1.5亿元，安装28台梳棉机、30台气流纺和18万锭纺织机，提供就业岗位307个，年总产值4.5亿元。 2024年1月，该公司在图木舒克经济技术开发区投资建设织造、T恤衫生产线及再生纤维生产项目，总投资6亿元，占地约20hm²，全部投产运营后可实现年产值35亿元以上，年税收收入5 300万元以上，带动就业1 280人
17	江西大晟	2024年1月，江西大晟投资有限公司在图木舒克经济技术开发区建设漂染生产线项目，总投资达4亿元，占地200亩。全部投产运营后可实现年产值5亿元以上，年税收收入5 100万元，提供就业岗位240人。该项目是全疆为数不多的印染项目
18	新疆苏锦	2024年5月，新疆苏锦纺织有限公司落地图木舒克市，总投资7.8亿元，建设30万锭纺纱生产线项目
19	金泰纺织	2024年6月，新疆金泰纺织有限公司在麦盖提县建设5万锭纺纱项目二期项目，建成40 000平方米标准厂房，10万锭环锭纺产能，预计2025年6月全面投产。该项目一期已于2023年8月动工，投资1.3亿元，完成37 000m²厂房建设，安装5万锭环锭纺设备，一期剩余产能于2024年9月底全部开工

（续）

序号	公司名称	投资新疆的国际和国内知名企业
20	数智世界	2024年6月，该公司在奎屯总投资40亿元，总占地面积近1 000亩，兴建100万锭智能化棉纺产能，2025年全部投产。 2024年在四川雅安投产50万锭，在新疆吐鲁番投产65万锭，在喀什莎车规划156万锭，已投产50万锭，年产棉纱35万t。在阿拉尔规划110万锭，已投产80万锭，在奎屯规划100万锭，2025年将实现全部投产。 2025年，在乌鲁木齐投资20亿元，用地500亩，兴建50万锭产能的"灯塔工厂"，一期20万锭计划2025年投产，集研发、生产与数字化技术应用，年产值超85亿元
21	新疆一鸣	2024年8月，该公司在疏附县投资1.2亿元，年产量3 000万m坯布，从签订合同到投产仅用100d，刷新了项目推进的"疏附速度"
22	新疆天锦	2024年12月，该公司在库车市经济技术开发区纺纱项目一期投产，总投资15亿元，建设35万锭多功能混纺纱线，工业产值15亿元、税收5 000万元，新增就业岗位1 200余个
23	新疆源峰	2025年2月，库车市新疆源峰纺织有限公司实现60万锭数字化多功能混纺纱线项目一期全面投产，并举行首批32t产品发车仪式，主要产品为纯棉纱、涤棉纱、粘棉纱等。二期12万锭多功能混纺纱线项目开工建设。总规划投资22亿元，建设五座环锭纺车间，于2024年下半年开工
24	新疆新科	2025年2月，该公司在昌吉国家农业高新技术产业示范区投资15亿元，兴建30万锭智能纺纱，占地25hm^2，分两期建设，年产棉纱8.6万t，销售收入24亿元。项目一期建设15万锭纺纱生产线，安装全流程智能化新型设备。项目达产后，预计年产棉纱8.6万t，转化4万hm^{2}棉花产量

　　2024年纺织服装进疆的投资如火如荼，高歌猛进。包括但不限于：金泰纺织、新疆华盛智能织造制衣有限公司、江西大晟节能新材有限公司、新疆际云染织科技有限公司、新疆苏锦纺织有限公司、新疆金泰纺织有限公司、数智世界（隶属于上海数智世界工业科技集团有限公司）、一鸣纺织有限公司、天锦纺织科技有限公司、经纬织造等。预

计当年新增棉纺锭300万锭以上，纺织机10 000台。

一些企业在20世纪90年代已进入新疆投资棉花种植、收购加工、纺织、印染和制衣等产供销一体化项目，其中鲁泰、溢达、新疆利华棉业就是例证。这些公司已发展成为棉花种植、收购加工、纺织一体化的大型国家级农业产业化重点龙头企业，投资棉纺织的规模也很大。

（二）打造西部纺织产业集群形成西部纺织产业集聚带、区域高地

2014年以来，新疆棉纺织业从"三城七园一中心"发展到棉花和纺织服装业集群再到5大纺织产业集聚带、4个服装产业集聚区和6个综合纺织服装基地。

2014年，新疆出台《新疆纺织服装产业发展规划（2018—2023)》，确立全疆纺织服装产业"三城七园一中心"布局。"一中心"，即乌鲁木齐国际纺织品服装商贸中心，力争打造形成国家中西部的纺织服装研发中心、设计中心、展销中心和交易结算中心。"三城"，即阿克苏纺织工业城、库尔勒纺织服装工业城和石河子纺织工业城。"七园"即哈密市、巴楚县、阿拉尔市、沙雅县、玛纳斯县、奎屯市、霍尔果斯市纺织工业园（图3-3）。

2014年以来，新疆提出重点建设阿克苏纺织工业城、石河子经济技术开发区、库尔勒经济技术开发区、阿拉尔经济技术开发区和奎屯—独山子经济技术开发区，打造综合性纺织服装产业基地，在喀什、和田等人口集中的南疆地区重点发展服装服饰、针织和地毯等劳动密集型产业，这些重点区域的产业规模均获得较快发展。

2023年以来，通过不断调整产业集群结构，强化产业链的韧性建设，为区域经济注入了新动能，将"八大产业集群"扩展为"十大产业集群"，把棉花和棉纺织服装单列为一个集群。

2024年5月，新疆维吾尔自治区党委提出继续支持棉花生产向优

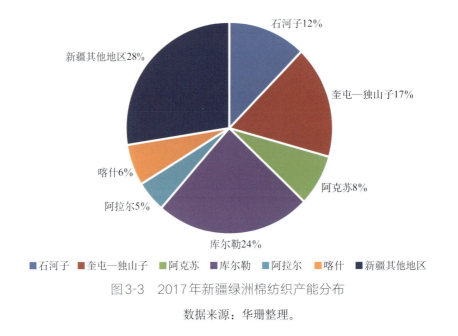

图 3-3　2017年新疆绿洲棉纺织产能分布

数据来源：华珊整理。

势产区集中，重点打造5大纺织产业集聚带、4个服装产业集聚区和6个综合纺织服装基地。

5大纺织产业集聚带——阿克苏纺织产业、库尔勒纺织产业、石河子纺织产业、喀什纺织产业、伊犁纺织产业。

4个服装产业集聚区——乌鲁木齐服装产业、昌吉服装产业、阿克苏服装产业、喀什服装产业集聚区。

6个综合纺织服装基地——阿克苏综合纺织服装基地、库尔勒综合纺织服装基地、石河子综合纺织服装基地、喀什综合纺织服装基地、伊犁综合纺织服装基地、乌鲁木齐综合纺织服装基地。

（三）绿洲棉纺织业技术和装备居全国领先水平

进疆棉纺投资项目多选用国际领先的生产装备和工艺技术，形成绿色、高端化、高品质和高附加值系列纺织产品。例如，国际领先的气流纺和涡流纺设备，如欧瑞康气流纺纱机和日本村田涡流纺纱机；

环锭纺普遍使用清梳联、自动落纱的细纱长车、粗细络联、紧密纺等自动化和连续化程度高、产品品质高的新型纺纱装备和技术；同时棉纺企业普遍积极采用先进的节能减排技术。

纺织产业档次不断升级，兴建一批数字化、智能化、无人化的先进纺织体系，形成有规模的标杆企业。其中数智集团在乌鲁木齐投资20亿元建设50万锭产能的"灯塔工厂"，一期20万锭产能将于2025年投产，年产值超85亿元。

（四）延链补链，构建本土纺织服装完整产业链

针对新疆本土纺织品为纯棉纱和白坯布的现状，立足补强"炼化纺"短板，推动棉花产业和化纤产业耦合发展，丰富本地纺织品和面料功能，积极扩展混纺棉纱线，许可印染进疆，升级纺织—印染—制衣产业链，打造西域纺织之都，全面提升纺织产业竞争力。

新疆本土粘胶、聚酯产能扩大。粘胶和聚酯是优化纺织产品的必需原料，近几年新疆聚焦打造棉纺、粘胶、聚酯"三大百亿元产业集群"——棉纺织产业集群、粘胶产业集群和聚酯产业集群，构建完整的产业链条，推动纺织服装产业向高端化、集群化发展，已形成皮棉、粘胶、聚酯—纺纱—织布—染整等全产业链条，形成具备棉纤维、粘胶纤维、聚酯纤维三大纺织原料的区域。

扩展印染。印染是面料生产的重要环节，鉴于新疆水资源和绿洲特殊生态环境，印染进疆被长期排除，为此，无水染纱生产基地项目落户石河子。该项目采用绿色非水组合介质，取代水作为染色介质，有效避免水浴染色中活性染料的水解副反应，染色固色率超97%，无需染后水洗，实现染色过程零用水、零用盐、零排放。

同时，在新疆库尔勒市和图木舒克市已承接内地转移的漂染生产线。

四、出台支持绿洲纺织业发展政策

新疆绿洲纺织业发展是在党的领导下和全国援疆支持下，新疆各族人民共同奋斗取得的成果。

（一）十大优惠政策

2014年以来国家和新疆地方出台了纺织业发展十大优惠政策，包括：

（1）设立200亿元左右的纺织服装产业发展专项资金，用于园区基础设施建设、企业技改、标准厂房建设等。

（2）实施税收特殊优惠政策，将纺织服装企业缴纳的增值税，全部用于支持纺织服装产业发展。

（3）实施低电价优惠政策，支持具备条件的纺织工业园区建设配套电厂，切实降低企业用电价格。

（4）实施纺织品服装运费补贴政策，扩大补贴范围，提高补贴标准，实施南北疆差别化的补贴政策。

（5）实施新疆棉花补贴政策，对新疆棉纺企业使用新疆棉花按实际用量给予适当补贴。

（6）实施企业员工培训补贴政策，对企业招录新员工开展的岗前培训按培训后实际就业人数给予培训费用补贴。

（7）实施企业社保补贴政策，对纺织服装企业新招用的新疆籍员工和南疆四地州享受低保的就业人员，均制定特殊补贴政策。

（8）支持高标准印染污水处理设备建设，在一定时期内对运营费用给予补贴。

（9）加大对南疆地区支持力度，实施更加优惠的政策，在资金安排、项目布局上向南疆地区倾斜。

（10）加大金融支持力度，出台了一系列金融支持新疆纺织服装产业发展的具体措施。

（二）调整优化棉花及纺织服装产业的政策措施

2024年4月，新疆维吾尔自治区人民政府办公厅印发《关于调整优化自治区棉花及纺织服装产业政策措施的通知》，从2024年1月1日起至2027年12月31日止实施多项政策措施，包括调低出疆棉运费补贴、提升中高支棉纱线等纺织产品出疆运费补贴、增加地产聚酯纤维原料使用补贴项目、增加服装等产品销售和设计补贴、企业生产用电补贴、一次性新增就业补贴、社会保险补贴、企业职工培训补贴、人才引进补贴、企业贷款贴息、纺织印染补贴等，以吸引更多企业投资新疆纺织产业。

（1）**出疆棉补贴。**从2011年的补贴500元/t下调到2022年的300元/t到2024年的200元/t，补贴的下调以鼓励消费新疆产原棉。

（2）**出疆棉纱线运输补贴。**南疆地区40支纱线类补贴600元/t，40支及以上（含40支）纱线补贴640元/t。

（3）**出疆布类产品运输补贴。**从2022年补贴1 000元/t下调到2024年补贴900元/t，如果使用50%以上非新疆本地产的纱线补贴500元/t。

（4）**服装等终端产品出疆运输补贴。**从2022年按同类实现出疆产品销售额的4%予以补贴提高到2024年按同类实现出疆产品销售额的6%予以补贴。

与2022年补贴相比，下游制成品的出疆补贴都有调降，南疆运输距离更长，补贴高于新疆其他地区，对精梳纱和高支棉纱线的补贴有所提高，以鼓励生产精梳纱和高支棉纱线。

五、坚持绿洲棉花和纺织业高品质高质量高效率发展

针对新疆本土纺织创新能力较弱、远离终端消费市场的短板，产

业集群综合优势不强，新疆纺织业发展始终要牢记"两个坚持"：一是坚持棉纺织服装高质量、高水平生产；二是大力推进植棉业、加工业和纺织业的高质量、高品质可持续发展，实现产前、产中和产后的深度融合，树立植棉业—初级加工业—棉纺业—服装业一盘棋的思想。

（一）坚持棉纺生产高效率和高水平

经过10年建设，到2024年新疆棉纺产能达到近3 000万锭，占全国比例达到27%左右，规模达到一定水平。然而，新疆棉纱产品仍以32支、40支的中低支纯棉纱为主，这与高成本原棉、高质量发展不相适应。

据对比，产地新疆棉花价格指数与销地河南省棉花价格指数的价差，2014—2024年有3年产地高于销地16～90元/t，有8年产地低于销地9～294元/t，其中2022年、2023年和2024年产地价格分别低169元、285元和294元/t，表明产地原料价格的优势更明显（表3-3）。

表3-3　2014—2024年产地新疆棉花价格指数与销地河南
棉花价格指数年均价比较

单位：元/t

年份	产地新疆棉花价格指数年均价	销地河南棉花价格指数年均价	价差
2014	17 187	17 097	90
2015	13 104	13 224	−120
2016	13 573	13 652	−115
2017	15 809	15 986	−178
2018	15 731	15 834	−102
2019	14 225	14 209	16
2020	12 926	12 935	−9
2021	17 873	17 843	30
2022	18 823	18 992	−169
2023	16 439	16 724	−285
2024	15 710	16 004	−294

注：价差＝产地价－销地价。棉花等级为3128B级。

当前和今后的重点是引导和鼓励企业加快转型升级步伐，从中支纱线向中高端纱线转变，拟主抓以下工作：

在纯棉纱产品定位上，以40支中支纱和60支以上的高支纱为重点产品。 有效发挥新疆绿洲优质棉花资源优势，大力发展用于中高档面料生产的精梳纱、高支气流纺等梭织纱和高档针织用纱产品。

在纯棉和混纺纱品种上，扩大混纺纱线和功能性纱线的比重。 新疆棉纺企业在设备配置和工艺选择上，除纯棉产品外要进一步增加混纺纱线的比重，发展特色产品。新疆绿洲还是我国粘胶纤维生产基地，并有进一步发展涤纶短纤维规划，在终端产品应用上，混纺纱线在功能性上有更多的空间，需求增长较快。

在设备定位上，强化新增纺纱织布设备的先进性及信息化智能化应用。 进一步引入清梳联、精梳机、自动落纱细纱长车、粗细联、细络联、自动络筒机等智能化、自动化先进装备，鼓励紧密纺、紧密赛络纺、涡流纺、高档气流纺等新型纺纱技术和设备的应用，重视信息化、智能化技术的应用。

加大精准招商力度。 有选择、高质量承接内地纺织服装产业的转移，注意延长服装业，加大服装企业的引进力度，还要避免内地落后产能转入绿洲。

加大纺织科技创新力度。 充分发挥企业主体创新功能，统筹设立各类棉花和纺织服装产业研究院，推动互联网、大数据在纺织服装产业的融合研究和应用。设立纺织创新专项基金，支持企业自主研究。

加大本土纺织服装人才培养。 积极引进内地纺织院校人才进疆，鼓励本土高职学校开设纺织服装专业，加大招生规模。在企业内部，采用内地培养本土使用，本土"师傅带徒弟"等。

（二）提高绿洲植棉业水平，保障高质量、高品质棉花的有效供给

适纺40支及以上棉纱线通常被认为是中高支纱线，要求原棉纤维长度、强度"双28.5"及以上、马克隆值3.7 ~ 4.6指标相匹配，叶屑杂质含量低，无异型纤维特别是残膜的污染，总体特征是马克隆值、长度、强度的协调性要好，清洁度高，一致性好，有资源可供选择，能够满足纺织客户的需求。

协调推进棉花原料生产和纺织品的协同提升，促进纺织产业向高品质、高质量和高效益发展。用好用足棉花目标价格政策，紧密围绕有效提升绿洲高品质原棉占比目标，植棉业要坚持高产与高品质并举的技术路线，形成高品质生产链和产业链，在提高棉花一致性和清洁度上狠下功夫，持续推进"一主两辅""一主一辅"的主导品种优化布局，有效改变种植品种的"多乱杂"问题，推进清洁生产，鼓励按照《高端品质棉花生产技术指南》和《高端品质棉花加工指南》进行规范化生产，推进高品质棉花"订单种植、产销对接""优棉优用、优质优价"补高品质的短板。南疆西部热量更丰富，但原棉的可纺织性能差，原棉含糖问题纺织行业反映强烈，因此亟须对品质结构进行调整，建议列入"十五五"发展规划中。

（三）培育打造新疆棉花和纺织品服装系列"绿洲"品牌

扶持培育打造新疆绿洲以"绿洲""天山""昆仑山""雪莲"等为名称的棉花、纺织品服装、设计、标准等系列品牌，这既是保障"疆棉"产品话语权的需要，也是"疆棉"企业文化建设和提升价值的需要。

第四章
新疆绿洲棉花和纺织品服装融入国内国际双循环

棉花因产品类型极多，从初级产品到中间产品再到终端产品都参与国内外市场，内外贸易环节多，在所有大田作物中是最具双循环、小循环、大循环特征的产品。

一、棉花主副产品国内大循环实绩

（一）新疆是原棉外调最多、外调时间最长的省份

20世纪70—80年代，尽管棉花产量不高，按照"统购统销"政策，外调量从3万t增长到150万t。自1990年以来，新疆原棉的70%外调，持续时间长达40多年。即便到2024年新疆本土加工能力仅占40%，仍有60%原棉调出。因此，新疆是全国调出棉花持续时间最长、调出量最多最大的唯一省区，为全国人民衣着丰富提供优质原料。棉花因此是新疆参与国内大循环的最重要大宗农产品。

（二）新疆是棉副产品外调最多、外调时间最长的省份

随着棉花产量的不断增长，棉籽副产品同样不断增长。20世纪50—90年代，新疆棉籽大部分就地消化。21世纪前10年，表观棉籽产量从2000年的225.0万t增长到2009年的378.6万t，增长68.3%。21世

纪10年代，表观棉籽产量从2010年的371.9万t增长到2019年的750.3万t，增长101.7%。2020—2025年，表观棉籽产量从774.2万t增长到852.9万t，增长10.2%。当前棉籽本土加工量约占70%，调出量约占30%，加工后的棉籽壳、短绒、棉籽油、饼粕也大部调出疆外，深度参与国内大循环。

二、棉花、纺织品服装国际大循环实绩

（一）新疆是原棉和棉纱线净进口的省份

虽然新疆绿洲是品质类型齐全的产区，主产陆地棉和海岛棉，但从国际贸易来看，新疆却是原棉和棉纱线净进口的省份。分析指出，结构性进口和价格性进口可能是主要原因，显然不是资源缺口型进口（表4-1）。

表4-1　2010—2024年新疆原棉和棉纱线进出口情况
（毛树春，2025）

| 年份 | 原棉 | | 棉纱线产量（万t） | | 棉纱线金额（万美元） | |
	进口量（万t）	进口金额（万美元）	进口量	出口量	进口额	出口额
2010	17.2	31 418.0				
2011	14.4	38 379.1				
2012	12.5	28 297.5				
2013	7.7	16 765.2				
2014	12.3	24 591.2	1.41	0.62	3 876.1	3 576.2
2015	6.2	10 417.0	2.35	0.31	5 271.4	1 866.0
2016	2.7	4 783.6	1.61	0.11	3 460.8	5 379.5
2017	6.0	11 077.5	1.46	0.08	3 533.7	293.6
2018	9.5	19 068.1	0.87	0.39	2 212.9	1 426.62

（续）

年份	原棉		棉纱线产量（万t）		棉纱线金额（万美元）	
	进口量（万t）	进口金额（万美元）	进口量	出口量	进口额	出口额
2019	10.7	21 013.3	1.37	0.49	3 153.9	1 376.97
2020	3.5	5 705.6	1.23	0.96	2 452.7	398.96
2021	2.8	4 759.2	1.16	0.59	2 965.6	218.62
2022	0.3	867.9	0.07	0.10	233.2	612.12
2023	5.6	10 479.4	0.96	0.06	2 304.2	215.61
2024	5.0	8 620.4	1.96	0.08	4 499.9	380.54

注：数据据全球贸易观察整理。新疆每年原棉出口量仅为百吨量级。尾数因四舍五入而有差异。

2010年新疆棉花出口85.9吨，出口额21.97万美元，还有棉短绒、废棉等进口。

（二）新疆是棉机织物净出口省份

据《海关统计》，2010—2017年，新疆棉机织物出口量和出口金额都很大，但自2019年之后新疆棉机织物出口量减少很多。据分析，这与2018年因中美经贸摩擦爆发，美国对我国出口的纺织品服装加征关税，2021年西方国家对绿洲棉花实行"禁令"和对部分企业实行制裁有关。另外，还与棉机织物进一步深加工形成棉织品和棉制服装紧密相关（表4-2）。

（三）新疆棉纺织品贸易顺差与逆差并存

棉纺织品在量的出口方面为贸易逆差，在出口方面为顺差。这表明，新疆棉织品出口具有较大的灵活性。当供给价格低于国内市场及进口价格时，通过再加工出口以获得加工利润。其中2021年"疆棉禁令"后几年出口反而呈现增加的态势，表明新疆棉织品有韧性（表4-2）。

表4-2　2010—2024年新疆棉机织物和棉纺织品进出口情况
（毛树春、李鹏程，2025）

年份	棉机织物产量（万m）		棉机织物金额（万美元）		棉纺织品产量（万t）		棉纺织品金额（万美元）	
	进口	出口	进口	出口	进口	出口	进口	出口
2010	5.79	6 128.04	28.33	5 804.43	4 972.07	4 689.25	854.75	1 863.46
2011	1.75	18 289.89	19.15	23 581.99	2 063.97	4 736.50	590.87	2 384.20
2012	0.82	18 314.89	4.82	26 287.15	4 484.18	5 416.33	1 133.16	2 804.65
2013	1.09	15 722.50	1.76	26 181.78	9 519.47	7 729.30	2 512.43	4 601.64
2014	4.50	5 573.96	5.27	9 888.51	14 054.37	6 643.00	3 878.70	9 382.79
2015	0.30	5 801.77	1.21	9 975.18	23 508.31	5 038.74	5 281.82	3 516.70
2016	0.01	7 237.58	0.03	11 570.09	16 117.38	3 431.96	3 465.67	2 764.13
2017	0.01	8 097.28	0.02	11 169.40	14 559.94	3 493.60	3 535.81	2 345.93
2018	0.02	3 740.48	0.35	5 456.77	8 664.84	6 482.14	2 214.27	2 964.37
2019	0.01	1 285.73	0.24	2 332.64	13 713.52	7 957.10	3 155.07	3 529.77
2020	0.02	832.36	0.06	1 595.23	12 346.13	3 032.62	2 488.76	2 416.42
2021	3.40	530.00	1.56	925.30	11 463.62	5 917.75	2 969.49	4 348.51
2022	5.53	770.27	4.28	1 858.16	960.64	5 533.32	246.86	4 765.40
2023	1.56	742.16	0.50	1 398.70	5 951.52	7 246.05	2 308.44	6 084.97
2024	8.12	1 446.62	5.57	2 474.05	19 623.91	11 725.61	4 500.23	8 862.43

数据来源：据全球贸易观察整理。

（四）近几年纺织品服装出口逆势增长

据海关统计，2011—2024年，新疆纺织品服装出口总额1 108.9亿美元，占全国纺织品服装出口总额的2.8%，其中，纺织品出口额209.5亿美元，占全国纺织品出口总额的1.3%；服装出口额899.0亿美元，占全国服装出口总额的3.9%，与棉花资源量相比，出口比例不高（表4-3）。

表4-3 2010—2024年新疆纺织品服装出口额及占全国的比例
（李鹏程，2025）

年份	纺织品服装出口额（亿美元）	纺织品服装出口额占比（%）	纺织品出口额（亿美元）	纺织品出口额占比（%）	服装出口额（亿美元）	服装出口额占比（%）
2010	60.9	2.6	—	—	—	—
2011	72.8	2.9	18.7	2.0	54.1	3.5
2012	71.2	2.8	20.1	2.1	51.1	3.2
2013	82.0	2.9	21.6	2.0	60.4	3.4
2014	77.4	2.6	15.9	1.4	61.4	3.3
2015	45.1	1.6	11.4	1.0	33.7	1.9
2016	53.4	2.0	12.2	1.2	41.1	2.6
2017	63.6	2.4	14.7	1.3	48.9	3.1
2018	51.5	1.9	10.4	0.9	41.1	2.6
2019	56.1	2.1	9.3	0.8	46.7	3.1
2020	43.3	1.5	7.7	0.5	35.6	2.6
2021	67.3	2.1	6.5	0.4	60.7	3.6
2022	118.8	3.7	14.4	1.0	104.4	6.0
2023	152.5	5.2	24.1	1.8	128.4	8.1
2024	153.9	5.1	22.5	1.6	131.4	8.3
合计	1 169.8	3.1	223.1	1.5	946.3	4.1

数据来源：海关统计，新疆年鉴。

　　从时间来看，2010—2021年纺织品服装最大出口额仅82（2013年）亿美元，占全国比例不足3%，此时纺织品服装以内销为主。2022年新疆纺织品服装出口额首次突破100亿美元达到118.8亿美元，同比增长76.5%，同年全国纺织品服装出口额3 233.4亿美元，新疆占比提高到3.7%，其中服装占比6%。2024年新疆纺织品服装出口额提高到153.9亿美元，占全国纺织品服装出口额3 011亿美元的比例提高到5.1%。这是在美国"疆棉禁令"、部分涉棉企业遭遇美国制裁背景下出现的逆势增长，难能可贵，证明新疆纺织品服装产业具有较强的韧性。

据分析，新疆纺织品服装出口呈现的"韧性"与较好地发挥"一带一路""桥头堡"作用紧密相关。2022—2024年，出口逆势增长的秘籍是扩大以中亚和俄罗斯为主的目的地，对吉尔吉斯斯坦和哈萨克斯坦出口额占比超过80%，其次是对塔吉克斯坦、土库曼斯坦和俄罗斯的出口，对乌兹别克斯坦的纺织品出口增长，服装出口大幅减少因而减少幅度较大（表4-4）。

表4-4　2021—2024年新疆纺织品服装出口目的地变化
（李鹏程，2025）

年份	出口目的地	纺织品服装出口额（亿美元）	占比（%）	增长（%）
2021	哈萨克斯坦	22.63	33.60	
	吉尔吉斯斯坦	35.094	52.11	
	塔吉克斯坦	2.089	3.10	
	土库曼斯坦	0.006	0.01	
	乌兹别克斯坦	0.702	1.04	
	俄罗斯	0.825	1.23	
	其他	5.996	8.90	
	合计	67.346	100.00	
2022	哈萨克斯坦	35.121	29.97	35.12
	吉尔吉斯斯坦	71.229	60.78	71.23
	塔吉克斯坦	3.583	3.06	3.58
	土库曼斯坦	0.006	0.01	0.01
	乌兹别克斯坦	0.931	0.79	0.93
	俄罗斯	0.844	0.72	0.84
	其他	5.48	4.68	5.48
	合计	117.19	100.00	111.71
2023	哈萨克斯坦	62.585	41.39	176.56
	吉尔吉斯斯坦	73.727	48.76	110.08
	塔吉克斯坦	7.086	4.69	239.21
	土库曼斯坦	0.024	0.02	300.00

（续）

年份	出口目的地	纺织品服装出口额（亿美元）	占比（%）	增长（%）
2023	乌兹别克斯坦	0.646	0.43	−7.98
	俄罗斯	0.956	0.63	15.88
	其他	6.190	4.09	3.24
	合计	151.21	100.00	115.34
2024	哈萨克斯坦	67.30	43.73	197.39
	吉尔吉斯斯坦	61.49	39.95	75.22
	塔吉克斯坦	6.21	4.04	197.42
	土库曼斯坦	0.02	0.01	250.00
	乌兹别克斯坦	0.52	0.33	−26.64
	俄罗斯	1.54	1.00	87.03
	其他	16.82	10.93	180.52
	合计	153.90	100.00	150.86

新疆是全国货物贸易的主要口岸之一，具有"五口岸通八国，一路连欧亚"的独特贸易优势。2024年新疆口岸纺织品服装出口额高达1 094.8亿美元，同比增长1.8%，占全国出口额比例高达36.4%。有研究指出，未来10年，预计中亚、俄罗斯和欧洲纺织服装市场规模将达到1.6万亿元。随着"一带一路"倡议的深入推进，新疆独特的区位优势和向西开放桥头堡的核心作用将更加凸显，纺织服装出口的潜力和扩展空间将更大。

三、我国棉花进口格局出现新变化

据《海关统计》，加入世界贸易组织（WTO）的20年间，我国累计进口美棉1 665.5万t，占中国棉花进口量的37%；累计进口美棉金额302.7亿美元，占棉花进口额的36.6%，都排第一位。又据《海关统计》数据，2022—2024年，进口美棉的比例仍很高。这23年间中国进口美棉相当于美国产量的30%，即美国市场棉花的三分之一出口到中国，约占美国出口市场的四分之一，我国进口的棉花解决了美国成千上万美国棉农的生计问题（表4-5）。

表4-5　2002—2024年我国进口美棉数量和金额
（毛树春，2025）

年份	美棉进口量（万t）	占中国棉花进口量比例（%）	美棉进口额（亿美元）	占中国棉花进口额比例（%）
2002—2021	1665.5	37.0	302.7	36.6
2018	52.9	33.6	10.6	33.6
2019	36.0	19.5	7.3	20.3
2020	97.7	45.3	16.1	45.1
2021	82.9	38.7	16.0	39.1
2022	113.2	58.7	30.5	58.3
2023	75.1	38.5	16.6	39.9
2024	87.6	32.9	18.5	34.9

中美经贸摩擦、关税战、贸易战及"疆棉禁令"正在改变全球棉花贸易格局。

关于进口美棉，价格因素与品质因素叠加是我国进口的主要原因。美棉相对成本低，品质好。在国际上，美棉品质优良，品质类型齐全，用作配棉的适配性能好，且原棉的一致性和清洁度高，棉花的可纺性能优良。

但自2018年美国对华输出商品加征关税和2022年6月"疆棉禁令"法案生效以来，美棉进口数量在减少，所占比例也在降低。由于我国进口的减少，美国棉花生产正在转向萎缩状态，产量跌入300万t上下的水平，真可谓"一损俱损"。由于美国棉花产量的减少，出口量也减少，长期以来全球棉花第一大出口国的位置在2023/2024年度被巴西替代（表4-5、图4-1）。

图 4-1 　2001/2002—2023/2024年度我国进口美棉及占全国进口棉的比例

数据来源：ICAC，2024年11月。

　　"疆棉禁令"背景下，我国棉制品服装对美国出口大幅减少。2021年对美出口额177.9亿美元，2022年对美出口额166.5亿美元，2023年对美出口额138.3亿美元，同比分别减少23.6%、6.4%和17.0%。

　　我国从巴西进口棉花大幅增长。从2018/2019年度的47.9万t增长到2023/2024年度最高达到132.0万t，占棉花进口比例从23.9%提高到40%。按自然年计算，2024年从巴西进口棉花110.2万t，占棉花进口量的42.2%，排第一，超过美国进口量的25.9%，成为我国最大的进口来源地。但巴西棉花品质及其稳定性、可纺性略逊于美国。由于我国进口的快速增长，巴西棉花生产加快发展，产量从2017年之前不足200万t量级，已提高到近几年的300万t量级，超过巴基斯坦成为全球第四大产棉国家，全球第二大棉花出口国家（图4-2）。

　　与棉花一样，中国大豆进口也从美国转向了巴西和阿根廷等，试图用全球市场来抵消被美方加征关税带来的影响。

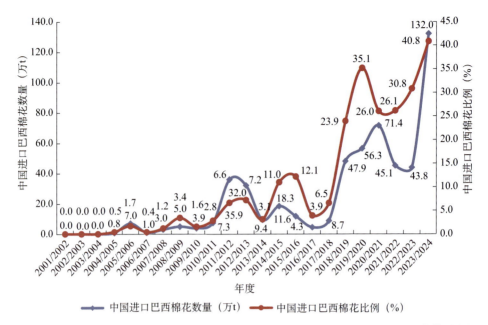

图 4-2　2001/2002—2023/2024 年度我国进口巴西棉花及占全国进口棉花的比例

数据来源：ICAC，2024 年 11 月。

第五章
新疆绿洲棉花发展的贡献

新疆绿洲棉花发展为保障全国棉花的有效供给，为全国人民的衣着丰富做出了巨大贡献，有"全球棉花看中国，中国棉花看新疆"之说，可见新疆绿洲棉花地位显赫，创新性发明的现代植棉业技术、经验和理论继续发挥着示范、样板和引领作用，可资借鉴，为全球棉花生产提供了一整套中国新疆方案。

一、新疆绿洲棉花为全国和全球棉花树立了现代化样板

（一）创造性发明了"密矮早膜"栽培模式和技术体系，满足绿洲生态生产条件，具有中国特色

针对绿洲无霜期短、降水量稀少，热量明显偏低等资源条件，我国棉花科技界创造发明了以地膜覆盖、高密度种植和化学调控为基础的关键栽培技术，形成适合绿洲生态生产条件的"密矮早膜"栽培模式、体系和栽培理论，选育和推广应用一批新品种，还创新性发明了"精量播种""病虫草生物生态防控""播种覆膜打孔"一体作业机具、"机采棉柔性保质加工"等多个单项技术和设备。总结提出了"四月苗、五月蕾、六月花、七月铃、八月絮"早发早熟、适合绿洲生态的先进看苗经验。拥有农业机械化动力和大中型拖拉机，配套农具齐全，

耕种管收的机械化水平高，2024年新疆棉花综合耕种收率达97%，其中机采率达90.8%，已接近发达国家农业机械化水平，多项技术成果的应用实现了绿洲棉花的高产优质高效到高产高品质高效，最具绿洲生态生产条件和中国特色，为全球棉花栽培理论作出了重大贡献，新疆绿洲因此形成高投入高产出高产值的典型棉区。

不断加强绿洲农田水利建设。绿洲条田平整且面积大，林田路配套，田间道路硬化，交通便利。针对新疆远离海洋，降水量极少，发展农业必须依赖灌溉。兴修水利，建设水库储水、渠道输水等灌溉设施。提高棉花用水效率，全疆节水灌溉面积占灌溉面积的比例达到84.5%，水利用系数达到0.50以上，其中宽膜覆盖之下的滴灌技术和装备为全球首创，为大面积节水栽培和提高水资源利用率做出了重大贡献。

（二）棉花科技创新和科技成果应用对绿洲棉花生产发展的贡献率不断增长

研究指出，1998—2005年，新疆绿洲棉花的科技贡献率为63.3%，1978—2012年扩大到73.3%，2000—2019年提高到77.9%，其中2000—2009年最大达到79.6%，2010—2019年下降到76.3%。一是新疆绿洲棉花科技贡献率明显高于全国农作物的科技贡献率，2019年全国农作物科技贡献率为59.2%，新疆高出17.1个百分点。二是当科技贡献率达到75%以上时呈现报酬递减现象（图5-1）。三是新科技正在赋能棉花耕种管理收获加工等各个工序，北斗导航、无人驾驶、植保农用无人机、长势智能监测和智慧水肥一体化等技术进入应用阶段，将进一步提升农事作业精确度，助力提高水肥利用效率和生产效率。

经过多年的实践探索，新疆绿洲棉花创出了一条适合国情的现代化生产路径，为全国棉花的现代化做出了较好的示范，为发展中国家农业现代化提供了样板，其经验具有广泛的借鉴意义。

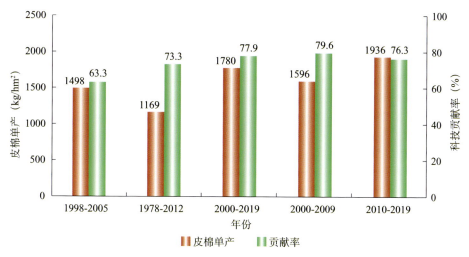

图5-1 1998—2019年新疆绿洲棉花科技贡献率变化

数据来源：朱希刚等，2007；钱静斐等，2014、2025 年。

（三）新疆绿洲成为全球"单体"棉花单产水平最高、总产量最多的区域

在全球棉花集中产区，如果按"单体"进行比较将发现，中国新疆维吾尔自治区、美国得克萨斯州、印度马哈拉施特拉邦和巴西马托格罗索州分别为"单产水平最高、总产量最多、面积最大"的产棉区。

近10年（2014—2024年），中国新疆棉花单产水平最高和总产量最大，印度马哈拉施特拉邦以收获面积最大与单产最低，美国得克萨斯州单产较低，巴西马托格罗索州棉花生产快速发展，单产水平也很高（表5-1）。

表5-1 最近10年全球棉花最高总产、最大面积和最高单产的区域
（毛树春，2025）

产棉区	最高总产量		最大收获面积		最高单产	
	万t	年份/年度	万hm²	年份/年度	kg/hm²	年份/年度
中国新疆维吾尔自治区	568.6	2024	254	2019	2 323	2024
美国得克萨斯州	202.0	2017	319	2022	773	2016

（续）

产棉区	最高总产量		最大收获面积		最高单产	
	万t	年份/年度	万hm²	年份/年度	kg/hm²	年份/年度
印度马哈拉施特拉邦	172.0	2020/2021	454	2020/2021	396	2016/2017
巴西马托格罗索州	264.0	2024/2025	142	2024/2025	1 892	2023/2024

数据来源：国际棉花咨询委员会（ICAC）和中国国家统计局。

然而，比较4个最大"单体"棉区的气候和土壤类型、肥力差异极大，种植制度也不同。

中国新疆棉区四季分明，冬长夏长，春短秋短，冬寒夏热，昼夜温差大，日照充足。无霜期最短至180d，春季短秋季短导致播种和收获季节都很紧张繁忙，年均温度最低，积温最少，≥10℃活动积温相对较少为3 500℃·d以上，可见热量明显偏少，需要采取地膜覆盖即保护栽培，棉花机械化采收必须脱叶催熟才能减少叶屑杂质含量，取得"四月苗、五月蕾、六月花、七月铃和八月絮"早发早熟看苗诊断的重要经验。因降水量少，棉花种植完全依赖灌溉，并大面积采用膜下节水滴灌。棉田土壤以风沙土和盐碱土为主，普遍盐渍化，土壤相对贫瘠，发展棉花生产的气候和土壤资源相对处于劣势，获得棉花高产必须依靠增加投入，依靠现代农业装备，依靠科学种田，狠抓科技兴棉、防灾减灾和人民的辛勤劳动（表5-2）。

美国得克萨斯州棉区，属于亚热带湿润气候（东南部）、温带大陆性气候（中部）和半干旱气候（西部）。这里无霜期长至260d，四季分明，年均气温高，≥10℃活动积温达4 500℃·d以上，热量和日照丰富，降水相对丰富，大多年份棉花无需脱叶即可机采，棉田雨养和灌溉兼并，土壤以变性土、淋溶土为主，肥力中等，发展棉花生产的有利气候资源相对优越，但单产水平较低。

印度马哈拉施特拉邦棉区，属于热带季风气候区，雨养农业，全

表5-2 全球棉花单体棉区气候和土壤资源比较
（王雪娇，2025）

项目	气候类型	无霜期（d）	年均气温（℃）	≥10℃积温（℃·d）	年降水量（mm）	年日照时数（h）	农业类型	主要土壤类型
中国新疆维吾尔自治区	温带大陆性干旱气候	180～220	8～12	3 500～4 500	50～200	2 500～3 000	灌溉农业	风沙土、盐碱土
美国得克萨斯州	亚热带湿润气候—温带大陆性气候半干旱气候	220～260	18～21	4 500～5 500	500～1 000	2 600～3 000	雨养和灌溉农业	变性土、淋溶土
印度马哈拉施特拉邦	热带季风气候	全年无霜	25～28	8 000～9 000	600～1 000	2 500～2 800	雨养农业	黑棉土、转化土
巴西马托格罗索州	热带干湿季气候	全年无霜	24～26	7 500～8 500	1 200～1 500	2 400～2 800	雨养农业	氧化土、老成土

年无霜，≥10℃活动积温多至8 000℃·d以上，热量极为丰富，生长季时长300d以上，日照充足，降水丰沛，雨季旱季分明，土壤以黑棉土、转化土为主，相对肥沃，发展棉花生产的土壤和热量资源优越，但单产水平最低。

巴西马托格罗索州棉区，属于热带干湿季气候，全年无霜，年均气温高，≥10℃活动积温多至7 500℃·d以上，热量更丰富，棉花无需脱叶即可机采，降水丰沛，干湿分明，雨养农业，日照充足。土壤以氧化土、老成土为主，酸性强，有机质低，土层深厚，土壤肥力较高，发展棉花生产的土壤资源和气候条件优越，单产水平较高，增产潜力大。

二、绿洲棉花为国家原料生产做出了重大贡献

（一）对全国居民丰衣足食和衣着靓丽做出了重大贡献

绿洲棉花对全国人均棉花占有量的贡献越来越大。据国家统计局，1990—2024年，国产原棉人均占有量平均值为4.23kg/年，新疆产棉花占有量为2.00kg/年，贡献率高达47.3%。

近30年来看，每个10年都比上一个10年跨上了一个高台阶。1990—1999年，新疆产原棉全国人均占有量为0.61kg/年，贡献率为15.9%；2000—2009年，新疆产原棉全国人均占有量提高到1.61kg/年，贡献率提高到33.7%；2010—2024年，新疆产原棉全国人均占有量进一步提高到3.20kg/年，贡献率提高到74.6%，可见新疆绿洲棉花全国人均占有量越来越多，贡献率越来越大（图5-2）。

（二）提供丰富的棉副产品，产值高，增值潜力大

棉花全身都是宝。主产品棉纤维是纺织工业原料，副产品中皮棉：棉籽：秸秆为1：1.6：5，副产品的类型多，用途广阔。棉籽壳

图 5-2 1990—2024 年新疆绿洲棉花对全国人均原棉占有量的贡献

注：棉花产量数据和人口数来自国家统计局。

是食用菌重要培养基原料，棉籽油是第三大国产植物油（油菜第一、花生第二），棉籽饼粕是优质饲用蛋白质来源，棉籽糖、棉籽酚进入精细化工行业，是医药原料。因此，棉花有"纤维、食饲药兼用"作物之说。棉花经济价值高，主产品与副产品的比例为1∶0.5，增值潜力大（图5-3）。

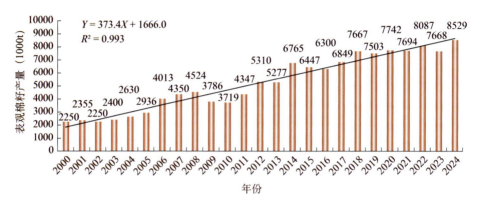

图5-3 2000—2024年新疆绿洲表观棉籽产量增长情况

与皮棉一样，新疆棉籽产量也很大。2000—2024年，新疆绿洲表观棉籽产量从225.0万t增长到852.9万t，年均增长率达到5.71%。

2024年，新疆棉花统计产量568.6万t，原棉产值为850.05亿元，棉籽、种用棉籽、棉短绒、棉籽壳、棉籽油、棉籽饼粕、不孕籽和棉秆潜在价值约421.25亿元。

2024年，新疆绿洲棉花种用毛子30万t，按种用销售价格计算，产值29.40亿元。加工棉籽产量822.90t，其中短绒产量90.52万t，产值43.45亿元；棉籽壳产量263.33万t，产值28.97亿元；棉籽仁产量469.05万t，可产棉籽油140.72万t（因市场上有约20%棉籽直接饲喂奶牛，实际产量低于这一数值），产值111.17亿元；饼粕产量328.34万t，产值98.5亿元；不孕籽产量约35.54万t，产值8.88亿元；棉花秸秆产量2 843万t，潜在产值56.86亿元。

棉短绒是高级造纸与粘胶等人造纤维的生产原料，还是制造火药的原料。棉籽壳是食用菌平菇、香菇、金针菇、银耳、黑木耳等食用菌重要培养基，还可作为活性炭、糠醛、木糖、木糖醇等精细化工的原料，增值潜力大。棉籽油富含不饱和脂肪酸，其含量高达70%，其中双烯脂肪酸——亚油酸含量占50%，具有降低血液胆固醇，防止冠状动脉硬化的重要作用。与其他植物油相比，棉籽油堪称高品质的食用植物油。

新疆大量棉花秸秆大多粉碎还田未计产值，部分制作纤维板用于家具，部分用作生物质燃料发电（200元/t）或压缩颗粒取暖用（700元/t），其技术还在持续发展中。

棉花秸秆主要由纤维素、半纤维素和木质素组成，其中纤维素和半纤维素约占65%～85%。纤维素和半纤维素经水解后产生葡萄糖和木糖，两者可被微生物转化为多种高附加值产物。新近研究指出（李付广等，2024），通过生物合成与生物转化技术，将难以处理的棉花秸秆转化为微生物蛋白，1t棉花秸秆可产生约84kg蛋白和36kg碳水化合物。理论上，按照此工艺每年绿洲棉花秸秆可以产生约238.8万t蛋白和102.35万t碳水化合物。剩余的秸秆残留物质主要为木质素，可转化为腐殖酸和化肥缓释剂等。这一研究将为棉花秸秆高值化利用和饲料蛋白资源开发提供了新路径，增值潜力巨大。

三、绿洲棉花为全国粮棉双丰收做出了重大贡献

（一）显著节省耕地面积

耕地是我国的稀缺资源。棉花高产意味着节省了耕地资源，特别适合我国人多地少的国情。据国家统计局数据，2000—2024年，新疆棉花产量年均值350.4万t，同期棉花播种面积年均值188.2万hm²，新疆以外产棉省份单产年均值1 202kg/hm²，这25年全国棉花总产平均值599.7万t，按生产等量的棉花总产，因新疆的高产已节省耕地面积年

均值达到103.3万hm²，节省率高达25.1%。按同期谷物平均单产5 671 kg/hm²折算，相当于每年多生产谷物58.6万t，占同期谷物总产的0.11%。

2024年是新疆棉花的大丰收年景，产量创历史新高，达到568.6万t，棉花播种面积244.8万hm²，新疆以外产棉省份单产平均值为1 306kg/hm²，按全国棉花总产614.4万t测算，因新疆高产节省耕地面积190.6万hm²，节省率高达67.1%。按2024年全国谷物单产6 493kg/hm²测算，增产谷物123.8万t，占同期谷物产量的0.19%。因高产腾出的耕地可以生产更多的粮食和其他农产品，为粮棉双丰收做出了重大贡献。

（二）战胜成本上涨，可与其他作物竞争

绿洲棉花因单产水平高，才得以战胜国际低成本原棉的冲击，战胜棉花自身不断上涨的成本压力，可与粮经菜作物相竞争，为稳定棉花生产保障有效供给做出了重大贡献。

四、绿洲棉花为区域农村经济做出了重大贡献

（一）促进区域农民增收，致富边疆地区农村

"要发家种棉花"，这是棉花作为经济作物的基本属性。"种棉花一年小变样，两年大变样，三年致富奔小康""种棉花打了个翻身仗"。这是2007年6月作者在新疆看到的脍炙人口的宣传标语。

全疆有63个县（市、区）60%农民家庭80%的收益来自棉花，或者说棉花种植、棉花纺织涉及边疆地区千千万万农民的生计。这是我国棉花布局转移取得成功的重要经济基础。实践证明，发展棉花生产为"兴边富民、稳边固边"提供了坚实经济基础。

最新研究结果指出，新疆绿洲农村呈现典型的棉花经济特征。回

归分析揭示，2000—2023年，新疆全区农村家庭居民人均可支配收入与棉花产量呈现高度正相关关系，其决定系数高达0.972。回归分析显示，每生产1 000t皮棉即可增加新疆农村家庭居民人均可支配收入3.73元，是典型的省级棉花经济（图5-4、表5-3）。

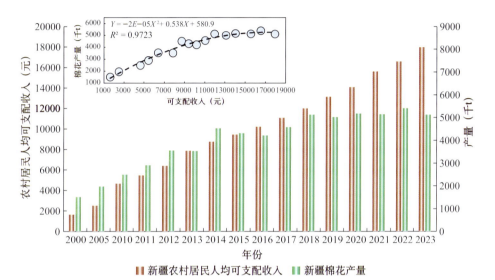

图5-4　新疆农村居民人均可支配收入与棉花产量的关系

表5-3　新疆及产棉区县农村居民人均可支配收入
棉花结产量的相关关系
（毛树春等，2025）

项目	回归方程	决定系数（R^2）
新疆	$Y=-0.00002X^2+0.538X+580.9$	0.972
阿克苏地区	$Y=-0.000002X^2+0.087X+55.42$	0.912
喀什地区	$Y=-0.000005X^2+0.110X+47.39$	0.690
沙湾市	$Y=-0.0000003X^2+0.020X-63.28$	0.812
乌苏市	$Y=0.0000001X^2+0.008X+9.548$	0.830
玛纳斯县	$Y=-0.0000001X^2+0.006X+16.27$	0.766
精河县	$Y=-0.0000003X^2+0.014X-24.10$	0.931
沙雅县	$Y=-0.0000005X^2+0.025X-27.88$	0.818

（续）

项目	回归方程	决定系数（R^2）
库车市	$Y=-0.0000003X^2+0.019X-15.76$	0.874
阿瓦提县	$Y=-0.0000003X^2+0.012X+21.24$	0.869
伽师县	$Y=-0.0000005X^2+0.022X-21.97$	0.710
麦盖提县	$Y=-0.0000005X^2+0.010X+15.40$	0.641
巴楚县	$Y=-0.0000005X^2+0.016X+28.90$	0.734
莎车县	$Y=-0.000001X^2+0.017X+27.39$	0.239

（二）促进地区农村经济发展

研究还指出，阿克苏地区农村居民人均可支配收入与全区农村居民人均可支配收入的趋势完全相同，决定系数高达0.912。回归分析显示，每生产1 000t皮棉即可增加阿克苏地区农村居民人均可支配收入16.44元。据记录，该地区棉花产量超过100万t，占全疆比例达到20%，是最典型的地区级棉花经济（图5-5）。

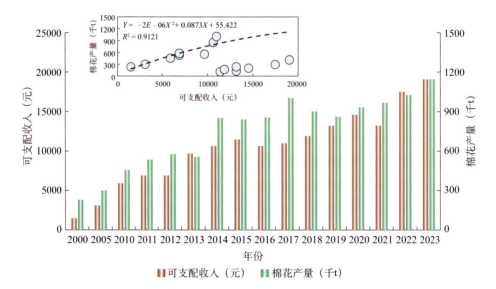

图5-5　阿克苏地区农村居民人均可支配收入与棉花产量的关系

多年来，喀什地区在发展棉花的同时积极发展果品和其他作物，棉花产量为70万~90万t，决定系数为0.690。该地区其所辖的伽师县、麦盖提县、巴楚县和莎车县棉花产量为9.3万~18万t，决定系数为0.239~0.734，证明农村居民可支配收入与棉花有较好的相关性。

（三）促进县域农村经济发展

从县域级上看，农村居民人均可支配收入与棉花产量同样呈现极强的相关性，全疆5个超特大产棉县市（北疆沙湾市、乌苏市，南疆库车市、沙雅县、阿瓦提县），棉花产量为20万~28万t，决定系数为0.812~0.874，玛纳斯县、精河县棉花产量为10万~25万t，决定系数为0.766~0.931，都呈现典型的棉花经济特征。

当以县域为单位进行比较发现，规模植棉的农民人均可支配收入增长加快，农村居民人均可支配收入水平大幅提高。从年增速来看，2000—2023年新疆地区农村居民人均可支配收入年增长率最高，达到11.03%（表5-4）。

表5-4　全国、新疆、西部农村家庭居民人均
可支配收入增长比较
（毛树春、李鹏程等，2025）

单位：元

年份	全国农村	西部地区农村	甘肃省农村	新疆农村	沙湾市农村	乌苏市农村	精河县农村
2000	2 253	1 661	1 429	1 618	4 426	3 077	2 858
2005	3 255	2 379	1 980	2 482	6 153	5 408	4 210
2010	5 919	4 418	3 425	4 643	11 255	10 149	7 560
2011	6 977	5 247	3 909	5 442	13 195	11 620	8 526
2012	7 920	6 027	4 507	6 394	15 032	13 124	9 716

（续）

年份	全国农村	西部地区农村	甘肃省农村	新疆农村	沙湾市农村	乌苏市农村	精河县农村
2013	9 430	7 437	5 589	7 847	13 629	14 568	11 206
2014	10 489	8 295	6 277	8 724	14 896	15 603	12 348
2015	11 422	9 093	6 937	9 425	15 714	15 035	13 238
2016	12 363	9 918	7 457	10 183	16 782	15 924	14 296
2017	12 363	10 829	8 076	11 045	17 782	17 121	15 300
2018	14 617	11 831	8 804	11 975	18 570	17 921	16 424
2019	16 021	13 035	9 629	13 122	19 266	19 268	17 573
2020	17 131	14 111	10 344	14 056	20 576	19 970	18 961
2021	18 931	15 608	11 433	15 575	23 708	22 253	21 832
2022	20 133	16 632	12 165	16 550	25 084	23 457	23 083
2023	21 691	17 911	13 131	17 948	27 153	25 438	25 961
年均增长率（%）	10.35	10.89	10.12	11.03	8.21	9.62	10.07

数据来源：国家统计局《中国统计年鉴》和《新疆统计年鉴》。

注：2000—2012年为农村居民家庭人均纯收入，2013—2023年为农村居民家庭人均可支配收入。

从收入来看，2023年，全国农村居民人均可支配收入为21 691元，新疆农村居民人均可支配收入为17 948元，西部地区农村为17 911元，邻近的甘肃省为13 131元，新疆地区农村居民人均可支配收入超过甘肃省36.7%，与西部地区接近，但低于全国农村的17.3%。其中沙湾市、乌苏市和精河县分别超过全国25.2%、17.3%和19.7%，分别超过西部地区51.6%、42.0%和44.9%。结果表明，规模植棉显著促进县域农民的增收和农村致富。

（四）植棉收入优于其他产区

据调查结果，西北内陆棉区植棉效益整体较好。2019—2021年，西北内陆棉区单位面积纯收入与政策补贴平均值为894.67元/亩，分别高于长江流域62.2%和黄河流域棉区73.9%。虽然收入受年际间气候、产量和价格等的影响有差异，但南疆、北疆植棉整体效益较好。这是棉区转移取得成功的经济保障，也是发展棉花生产对农村经济贡献的真实写照（表5-5）。

表5-5　2019—2021年全国棉区棉花生产单位面积纯收入与政策补贴情况
（毛树春等，2022、2023、2025）

单位：元/亩

年份	长江流域	黄河流域	西北内陆	其中	
				北疆亚区	南疆亚区
2019	217.71	302.41	783.69	1 057.50	729.02
2020	188.98	250.88	529.41	1 145.91	1 070.24
2021	1 248.55	990.28	1 370.91	2 044.79	927.81
平均	551.75	514.52	894.67	1 416.07	909.02

（五）规模植棉收入更多

调查还发现，近几年新疆棉花生产规模扩大，规模效益显现。以户（农场、合作社）为单位的收获面积在209.28 ~ 297.19hm²，以户为单位收入在207.04万 ~ 635.81万元。各年收入中，因2019年市场价格极低至6.03元/kg籽棉，收入完全来自补贴。2020年销售价格中等为6.93元/kg籽棉，补贴占收入的比例为55.4%。2021年市场价格极高至10.5元/kg籽棉，补贴没有发生，可见目标价格具有能动性，对收入起到较好的支撑保障作用。2021年面积超万亩的家庭农场棉花收入超过千万元（表5-6）。

表5-6　2019—2021年新疆绿洲棉花表观产值和收益
（毛树春等，2022、2023、2025）

年份	籽棉		主产品产值（元/亩）	总成本（元/亩）	主产品收益（元/亩）	补贴收入（元/亩）	净收入（元/亩）	收获面积（亩/户，或农场、合作社）	规模主体收入（万元/户、农场、合作社）
	销售产量（kg/亩）	销售价格（元/kg）							
2019	376.02	6.03	2 267.40	2 312.67	−45.27	704.81	659.54	3 139.21	207.04
2020	402.77	6.93	2 791.20	2 374.18	417.02	520.86	937.88	3 979.86	373.26
2021	354.65	10.50	3 723.83	2 521.90	1 201.93	—	1 201.93	4 457.92	535.81

（六）棉花的乘数效应和溢出效应大

观察发现，一个地区的规模化棉花生产可明显带动当地农业生产资料的生产、流通和消费，如化肥、农药、种子、地膜和滴灌材料产品的生产、运输、销售和社会化服务，农业生产机械的生产、运输、销售、维修和社会化服务，籽棉轧花加工设备的制造、维修和社会化服务等得到全面发展，整个市场呈现一派欣欣向荣的景象。

综上所述，发展棉花生产无论从农村到城市、从农业到工业、从脱贫致富到全体人民共同富裕都具有重要意义。

五、绿洲棉花对生态环境建设和农田环境综合治理做出了重大贡献

（一）着力加强生态防护林建设

新疆绿洲是"三北"防护林体系的重要组成部分。自1978年以来，新疆持续采用大规模植树造林、兴修水利、防风固沙、排盐治碱、节水

灌溉、封沙育林育草等综合措施，逐步建起环绕塔克拉玛干和古尔班通古特两大沙漠的绿色生态带，已累计完成造林面积超过1 000万hm²。

绿洲生态建设取得积极成果。新疆森林覆盖率从2015年的4.24%提升至2023年的4.87%，防风固沙效果显著，年均沙尘天气日数从2015年的20d减少至2023年的12d。生物多样性改善，防护林建设促进了区域生物多样性恢复，野生动植物种群数量显著增加。生态文明建设取得的显著成效，为区域生态安全和可持续发展奠定了坚实基础，创造了"人进沙退"的奇迹。

（二）加强农田/棉田环境综合治理

新疆绿洲在农田/棉田环境保护方面，强化清洁生产，坚持"政府推动、政策引导、公众参与、依法管理，标准化、减量化、资源化、无害化，谁污染谁治理、谁受益谁治理，保护优先、预防为主、综合治理、持续改善"原则，持续推进农田残膜"去存量减增量"，推广加厚地膜，加强残膜回收装备的研究推广应用，保障一方农田的清洁卫生。

（三）推广节水灌溉技术

持之以恒节约用水是绿洲农业和棉花发展的永远主题。绿洲遵循节约用水、以水定地和水地平衡原则，大面积棉花生产采用灌溉水的定额管理、膜下滴灌和"干播湿出"技术，灌溉水利用系数提高到0.59，节水效果显著，达到1t水生产1.3t籽棉的极高水平。

六、形成全球棉花看中国、中国棉花看新疆的棉花"王国"地位

研究指出，新疆绿洲用占全球6.7%的耕地面积生产出了占全球17.6%的商品棉花。中国新疆棉花发展为全球棉花发展做出了杰出贡

献，为全球棉花进一步提高产量提供了中国方案。2024年高品质棉花占比达到了58.2%（见第一章）。当前，新疆正朝着高产与高品质并举的生产目标前进（图5-6）。

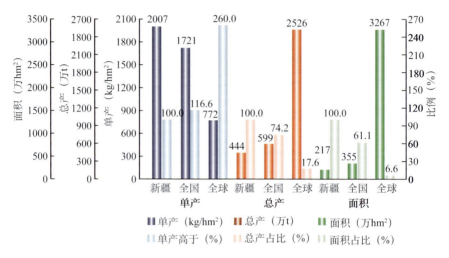

图5-6　2010—2024年中国新疆棉花产能在全国和全球的地位

（毛树春，2025）

（一）关于棉花单产

单产水平反映一个国家、地区棉花的综合生产力。2010—2024年，新疆棉花单产平均值2 007kg/hm²，中国单产平均值1 721kg/hm²，全球棉花单产平均值772kg/hm²，新疆单产高于全国的16.6%（其中高于长江、黄河流域平均单产近40.0%），高于全球平均值160.0%，是全球产棉大国（美国、印度、巴西、巴基斯坦）之中单产最高的产地，可见棉花综合生产力水平极高。

（二）关于棉花总产

总产反映一个地区或国家棉花的产能大小。2010—2024年，新疆棉花总产平均值444.0万t，全国棉花总产平均值598.5万t，新疆棉花总产占全国比例高达74.2%；同期全球棉花总产平均值为2 525.9万t，中国占全球的比例高达23.7%，其中新疆占17.6%，可见新疆棉花在全国和全球都占有极高地位。

（三）关于棉花播种面积

播种面积是影响产量的重要因素。2010—2024年，新疆棉花播种面积平均值为217.4万hm^2，全国棉花播种面积平均值为355.2万hm^2，新疆面积占全国比例高达61.2%；同期全球棉花收获面积平均值为3 267.4万hm^2，中国面积占全球的比例为10.9%，其中新疆面积占全球的比例为6.7%。与总产一样，新疆棉花面积也在全国乃至全球占有极高地位。

第六章
新疆绿洲棉花发展的经验、启示和未来

与全国农业/棉花发展一样，依靠党的领导、政策支持，增加投入，科技支撑和人民勤劳是绿洲棉花发展的取得成功的最主要经验，归纳为"四靠"，在新疆绿洲，多民族平等发展和延伸产业链提高附加值，也是两个重要的"依靠"。

一、"六个依靠"是绿洲棉花和纺织业发展的最主要经验

（一）依靠党的领导和政策支持是绿洲棉花可持续发展的根本保证

党的领导和政策支持是我国棉花可持续发展的根本保证这是第一个依靠。在社会主义革命和建设时期、改革开放和社会主义现代化建设新时期，保障人民"有饭吃有衣穿""吃饱穿暖"；在中国特色社会主义进入新时代，保障人民"吃好穿好"、衣着靓丽，我国棉花的发展始终是中国共产党的正确领导和长期的政策支持取得的成就，当政策和市场结合将加快产能更快速扩张。绿洲植棉业的发展是如此，绿洲纺织业的发展也是如此。这是绿洲棉花持续发展的原动力和第一经验。

（二）依靠发展现代农业，发展现代植棉业

发展现代农业，发展现代植棉业是第二个依靠。通过不断增加投入，不断改善农业生产基础条件，不断建设水利和农田水利，不断建设高标准农田，大力发展现代植棉业，大力改进和提高棉花机械化水平，劳动生产率大幅提高，为"快乐植棉"提供重要支撑，是绿洲棉花可持续发展的第二大经验。

（三）依靠大力发展棉花科技，不断提高科学植棉水平

大力发展棉花科技，不断提高科学植棉水平是第三个依靠。包括建有国家和省级、地区级棉花专业试验研究机构，国家和地方立项支持科技研究发展，鼓励和支持棉花的科技创新和成果转化，全国一大批科技工作者奋斗在天山南北棉田，科技赋能棉花生产从传统生产方式向北斗导航的全程机械化、数智赋能精量播种、精准施肥、精量灌溉和施药的转变，给绿洲棉花插上了科技的翅膀，实现棉花产能从跨越到超越的腾飞，科技进步对生产发展的贡献率不断提升，"快乐植棉"目标已初步实现，这是绿洲棉花可持续发展的第三大经验。

（四）依靠人民的勤劳

人民的勤劳是第四个依靠。新疆多民族相互依存，多民族劳动人民都特别勤劳，特别能吃苦，特别下力气，勤勤恳恳，任劳任怨。多民族共同努力共同发展，多民族共同享受棉花发展的成果，是绿洲棉花持续发展的第四大经验。

（五）依靠推进植棉业和纺织业的融合，打造西部纺织新高地

推进植棉业和纺织业的融合，打造新型西部纺织高地，延伸产业链提高深加工附加值，是第五个依靠。依托丰富棉花资源和土地资源

优势，新疆纺织业发展的有利因素正在加速集聚，已建成纺锭近3 000万锭，一大批高支纱线、"灯塔工厂""数智工厂"先进纺纱设备的落地，棉纱线、化纤和服装产能正在提升，生产链、产业链供应链体系正在加速延伸和聚集，"一带一路"大通道助力地产纺织品服装出口增长，古"丝绸之路"大放异彩，棉花和棉花产业的共赢目标正在逐步实现。

（六）依靠各民族平等参与棉花生产活动，平等享受棉花发展的成果

各民族平等参与棉花生产活动，平等享受棉花发展的成果是第六个依靠。维吾尔民族是新疆地区最大的少数民族，各民族像石榴籽一样紧密团结在一起，遵守《中华人民共和国劳动法》，平等地参与棉花生产活动，平等参与棉花改革，平等地享受各项优惠政策，平等地享受科技进步利益和科技服务，平等地享受棉花生产发展和纺织业转移取得的成就。美国《维吾尔强迫劳动预防法》所谓"强迫劳动"是假的，打压新疆棉花的发展，进而搞垮新疆棉花和中国棉花的企图一定不会得逞。

以上"六个依靠"是新疆棉花成功发展的基本经验，而植棉收益好、植棉能够致富一方百姓是植棉者乐意增加投入，热心种植管理，确保产量持续增长的最直接因素。

二、高品质、高质量发展棉花和纺织业是最重要的启示

新疆绿洲光温水土资源丰富，是人类开发利用荒漠尤其是种植棉花极佳的场所，荒漠变绿洲，绿洲变棉仓，为全国人民衣着丰富做出了重大贡献。

经过多年的持续开发，特别是21世纪以来新疆绿洲棉花生产进入了高速发展的"黄金期"，农业/棉花水利化、化学化、机械化、集约化、规模化相匹配，特别是人民勤劳，劳动者的素质高，形成绿洲"密矮早膜"独有的栽培模式，外加科技的赋能，自然资源利用效率不断提高，棉花超高产潜力不断挖掘，创造出了人类荒漠绿洲开发利用种植棉花的奇迹，形成全球棉花的高地，是当代全球棉花名副其实的现代化样板，素有"全球棉花看中国、中国棉花看新疆"的美称。

三、坚持棉花和棉纺织业高品质、高质量可持续发展

展望未来，绿洲棉花仍要以供给侧结构性改革为主线，推进棉花由增产导向转向提质导向，推动棉花经济"质的有效提升和量的合理增长"，加大棉花从"做大"向"做优做强"转变，锚定2035年建成农业/棉花强国目标，"十五五"时期要遵循适度规模、质量兴棉和绿色兴棉的价值取向，力争规模200万hm^2，高品质原棉占比提高到75%左右，资源高效利用，实现高品质高质量的可持续发展。

当前和今后绿洲棉花面临的主要任务：

（一）适度规模，为绿洲棉花高品质高质量可持续发展提供基础性保障

棉花用水量已占绿洲农业用水量比例高达近40%，每年棉花灌溉用水量高达近200亿m^3。历史地看，绿洲可开发耕地潜力巨大，然而，"地多水少"、区域不平衡、季节不平衡的矛盾长期存在。综合考虑绿洲土与水的平衡状况，按照新一轮目标价格政策的要求，实行退地减水还草还荒漠，棉花播种面积将会逐步调减到棉花生产保护区划定200万hm^{2}的规模，同时打造超规模的高品质棉花种植和加工基地，建议在

北疆天山北坡适宜棉区、南疆巴音郭楞蒙古自治州和阿克苏地区建设 133 万 hm^2 的高品质棉花种植带，在喀什地区打造陆地棉中短绒种植带。

（二）质量兴棉，大力提升高品质原棉占比，是提高绿洲棉花竞争力的基础条件

科技进步和生产发展要破解"高产低质的魔咒"，从棉花品质的中低端转向品质高端为中低支纱线转中高端纱线创造原料条件，加快科技创新，培育高产高质抗逆性强的新品种，培育商用大品种提高一致性水平，调整南疆西部喀什地区的品种和品质结构，促使品质的结构性矛盾和高品质原棉短板问题得到基本解决，供给质量全面提升。这是棉花集中产区"由大变强"、建设棉花强国，提升核心竞争力的必经之路。

在资源和新品种选育方面，按照坚持问题导向、需求导向和目标导向的原则，紧密围绕质量兴棉，实现机采棉的提质增效，坚定培育高产高质早熟并举，抗虫（棉铃虫）抗病（枯萎病、黄萎病）、耐盐碱耐旱的新品种，积极培育陆地棉中长绒和陆海杂交种的高品质类型。在遗传资源的收集、整理和分子生物学基础研究方面，紧密围绕高产高质创制与遗传"长强细"品质相协调的优异品质、早熟、抗逆性优异的新种质、新材料，为新品种选育提供新的种质资源。

（三）绿色兴棉，保护和培育绿洲耕地生产力是可持续生产之基

加大人工智能研发应用赋能水肥药的高效利用和机械化水平，实现高产高质和高效协调发展。通过高标准农田建设，棉田灌溉水利用率提高到 0.59 以上；持续推进化肥控量增效，农药减施增效，有效降低生产成本；持续推进棉田残膜"去存量减增量"，保持土壤清洁卫生，提高清洁度水平；持续推进绿洲耕地的用养结合，实行有计划的

深耕、轮作、种植绿肥、增施有机肥和休耕等培育措施，实现绿色可持续发展。

在栽培、种植和机械化方面，坚持问题导向、需求导向和目标导向原则，紧密围绕绿色兴棉实现降本增效，进一步优化"密矮早膜"模式和技术体系。研发节水节肥节药省膜的新材料、新方法、新机具，在精准技术、精量技术、智慧控制技术方面取得新突破，依托数智赋能机械化管理、采收和加工，进一步提高棉花生产机械化水平，从根本上扭转绿洲棉花"石油农业"化学品投入，提高资源利用效率，降低环境污染，实现绿洲棉花的降本增效和绿色化生产。针对机采棉杂质含量高、反复清花除杂造成品质伤害的问题，研制保质减损的"柔性"加工装备、智能化控制技术和工艺流程，提升"因花配车"智能水平。注重智慧AI的棉花基础生物学研究，提升养分水分吸收利用和生产管理的决策支持能力。

（四）延伸产业链，积极稳妥打造西部纺织品服装产业新高地

坚持棉纺生产的高效率和高水平，持续推进植棉业—初级加工业—棉纺织业的深度融合，加大培育新疆棉花和纺织品服装系列"绿洲""天山""昆仑山""雪莲"等具有绿洲特色的品牌文化和企业文化。

(五)建立绿洲棉花标准和认证体系，自主提升绿洲棉花话语权

我国已形成一批具有国际影响力的大型纺织集团和跨国公司，市场化和国际化程度都很高，鉴于棉花是地缘政治中的最敏感作物，为了保障棉花产业链和供给链的稳定，提升企业自主发展能力和竞争力，主张由大型纺织服装集团或跨国公司牵头组建绿洲棉花标准和认证话语体系是必要和可行的。同时，组建独立的"棉花标准"认证机构也是可能的，其最大优势是有能力自主解决经费的可获得问题，国家、新疆地方应予鼓励和支持。

四、结束语

面对世界百年未有之大变局，应对关税战、贸易战、极端气候异常以及生物灾害风险的挑战，化解"疆棉禁令"与地缘政治冲击，中国棉花唯有做好自己的事。我们要坚持高品质、高质量可持续发展的指导思想，积极引导绿洲棉花产业走稳走准走实"适度规模、质量兴棉、绿色兴棉"之路，有效提高供给能力和供给质量水平，积极稳步推进产业链和增值链的延伸，做大做强绿洲棉花产业，深度融入国内国际两个大市场，抢抓"一带一路"机遇，扩大面向东南亚、中亚和东欧等市场的棉纺织服装产品出口。正如周采泉《棉花》所述"吉贝何时入汉家，而今衣被遍天涯。三春万卉红似海，暖到人心只此花。"经过持续不断的努力，创出一条规模适度、品质优良、资源节约、环境友好的现代化植棉业和纺织业，建设成为棉花强国和高质量现代纺织业。

在新疆各族人民的共同努力和援疆各省市的大力支持下，绿洲棉花各方主体将继续坚定信心、攻坚克难，真抓实干、久久为功，加快农业/棉花和纺织业的现代化步伐，为推动边疆农业基础更加稳固、农村地区更加繁荣、农民生活更加红火做出重大贡献，以优异的成绩迎接新疆维吾尔自治区成立70周年！

名 词 解 释

棉花：锦葵科棉属的种子纤维作物。主产品纤维是纺织原料，副产品棉籽是食用植物油、蛋白的主要原料。通常所讲的棉花是棉株、籽棉、皮棉和原棉的统称。

籽棉：从棉铃采收所得的带有种子及附着纤维的棉花。

皮棉：籽棉经过轧花加工所得的纤维。

原棉：皮棉按规格包装且每包一定重量，经过公证检验，供工厂纺纱使用的商品棉花纤维。

棉籽（子）：棉花的种子，由棉短绒、棉籽壳和棉籽仁组成。种子由胚珠受精后发育而成。棉短绒可作纺织用，棉籽壳可作为食用菌培养基原料，棉籽仁可作为饲料原料。

特色棉：专指新疆绿洲的长绒棉（海岛棉）和陆地棉中的彩色棉，其中彩色棉为天然棕色纤维。棉纤维本身具有天然色彩，常见纤维色彩有棕色和绿色两种系列。

棉花初级加工：指棉花的轧花，采用机械方法将棉籽与皮棉纤维分开。

"5571"轧花工艺：一种手采棉加工工艺，采用锯片为80片的轧花机，于1955年7月1日研制成功。

"121"轧花加工新工艺：是一种大型的手采棉加工工艺，采用锯片为121片的轧花机。

"400型"轧花加工工艺：采用400吨液压打包机的锯齿轧花加工工艺，符合国家棉花质量检验体制改革方案要求，加工兼顾机采棉和手摘棉。

"柔性"加工工艺：指针对机采棉杂质水分含量高，采用智能化、数字化技术对工艺流程和技术进行灵活调控，实现保质低损伤、高工效的加工目的。

公证检验：国家专业纤维检验机构按照国家标准和技术规范，对棉花的质量、数量进行检验并出具公证检验证书的制度安排。建有国家级的实验室分布在产区各地，统一采用大容量纤维测试仪（HVI）进行检测。

纤维含糖量：为蜜露糖，由内糖和外糖组成。内糖是未成熟纤维中积累的可溶性糖（如葡萄糖、果糖、蔗糖等）以及棉叶蜜腺分泌的糖分。外糖系蚜虫排泄的蜜露，其成分以葡萄糖、果糖为主，黏性强，是造成棉纤维黏着的主因。蜜露糖的高黏性直接导致纺纱过程中纤维粘连，影响纺织效率。

清洁度：指棉纤维的清洁程度。反映混入棉花中的硬杂物（如金属、砖石）、非棉纤维和非本色纤维软杂物（如化学纤维、毛发、丝、羽绒、残膜等，又称异型纤维）以及棉叶杂质对棉纱线品质产生的危害性。

一致性：反映棉花品质的整齐度状态，包括品种的一致性、长势和熟性一致性、加工对品质的损伤最小，纤维长、强、细指标的协调性好。

高品质原棉：棉花纤维上半部平均长度28.5mm及以上，断裂比强度28.5 cN/tex及以上，即"双28.5"，马克隆值3.7～4.6，长度整齐度指数82.5%及以上，短纤维含量（长度16 mm及以下）纺漂白纱和纺色纱分别控制在11.5%、15.0%以下，满足上述品质指标的棉花（成包皮棉）为高品质原棉。

高品质棉花种植带：2021年农业农村部发布《"十四五"全国种植业发展规划》，首次提出"在新疆天山北坡适宜棉区、南疆巴音郭楞蒙古自治州和阿克苏地区，河北黑龙港地区，黄河三角洲及环渤海湾地区，以及在江汉平原、洞庭湖和鄱阳湖等沿江沿湖地区开展高品质棉花种植带建设，提升高品质棉花生产集中度"。以上这些方面也称高品质棉花种植带。

芬太尼：可作用于生物体内的阿片受体、从而产生麻醉和镇痛作用的物质，属新型强效麻醉性镇痛剂，效果可达吗啡的100倍，常用于中到重度疼痛治疗，是联合国管制的麻醉药品。

"一黑一白"战略：1966年新疆维吾尔自治区政府印发的国民经济和社会发展工作目标中，把发展白色的棉花和黑色的石油列入其中，简称"一黑一白"战略。

中国棉花价格指数（China cotton index，简写CC Index）：表示国内棉花价格的指数。设定标准级别为3级、颜色级为白棉1级、长度为28mm，马克隆值B级为3.5～4.9，简写为CC Index3128B。相应地还有新疆棉花价格指数、河南棉花价格指数等。

西部地区：根据"西部大开发"战略确定的区域，涵盖中国西南、西北及部分北部地区。包括12个省、自治区、直辖市。分别是内蒙古自治区、广西壮族自治区、重庆市、四川省、贵州省、云南省、西藏自治区、陕西省、甘肃省、青海省、宁夏回族自治区和新疆维吾尔自治区。

"灯塔工厂"：通过大规模应用物联网、人工智能、云计算等先进技术，显著提升生产效率、资源利用率和可持续发展能力的制造企业。

石油农业：指过度依赖化石能源及其衍生品来维持生产模式的现代农业体系。其核心特征是通过大量投入石油化工产品（如化肥、农药、农机燃料、塑料薄膜等）来换取高产量，属于高能耗、高污染的农业生产方式。

绿色农业：通过合理的生产要素配置，实现少投入、多产出、低碳化的生产方式。

AI：指"模拟人类智能"从机器学习向"自主决策与多模态交互"演进，其核心在于自主性、适应性及对复杂环境的主动影响。

吉贝：指古代纺织用的棉花。

中棉所精神：于2014年7月由农业部、科技部发布《关于开展向中国农业科学院棉花研究所学习活动的决定》文件，总结提炼形成中国农业科学院棉花研究所长期形成的"艰苦奋斗、甘于奉献，勤于实践、勇于创新"的十六字精神。

参 考 文 献

国家统计局. 国家统计局关于2024年棉花产量的公告[EB/OL]. (2023-12-25)[]. https://www.
stats.gov.cn/sj/zxfb/202412/t20241225_1957879.html.

国家统计局. 中国统计年鉴各年[M]. 北京: 中国统计出版社.

李婧, 魏志辉. 全面实施"一黑一白"发展战略, 实现新疆经济跳跃发展[J]. 新疆经济社会,
2008(5).

刘晏良. 棉花发展战略研究[M]. 北京: 中国统计出版社, 2006.

毛树春, 杜远仿, 张宁宁, 等. 加快建设农业强国/棉花强国的思考——走适度规模、质量兴
棉和绿色兴棉的高质量可持续发展之路[J]. 中国棉花, 2024, 51(4): 1-8.

毛树春, 李付广. 当代全球棉花产业[M]. 北京: 中国农业出版社, 2016: 23-27.

毛树春, 李亚兵, 董合忠. 中国棉花辉煌70年——我国走出了一条适合国情、具有中国特色
的棉花发展道路、发展模式和发展理论[J]. 中国棉花, 2019, 46(7).

毛树春, 李亚兵. 中国棉花景气报告2016[M]. 北京: 中国农业出版社, 2017.

毛树春, 李亚兵. 中国棉花景气报告2017—2019[M]. 北京: 中国农业出版社, 2021.

毛树春, 马雄风, 田立文, 等. 新疆绿洲棉花可持续发展研究[M]. 上海: 上海科学技术出版
社, 2022.

毛树春, 于小新, 葛群, 等. 新疆绿洲高品质棉花生产现状及加快建设高品质棉花种植带对
策措施研究(Ⅰ)[J]. 中国棉花, 2024, 51(5): 1-8.

毛树春, 于小新, 葛群, 等. 新疆绿洲高品质棉花生产现状及加快建设高品质棉花种植带对
策措施研究(Ⅱ)[J]. 中国棉花, 2024, 51(8): 1-13.

毛树春, 马小艳, 程思贤, 等. 全球棉花话语权观察及中国棉花话语权的思考[J]. 棉花科学.
2021, 43(3).

钱静斐, 李宁辉, 郭静利. 我国棉花产出增长的要素投入贡献率测度与分析[J]. 中国农业科
技导报, 2014, 16(2).

新疆维吾尔自治区人民政府第四次全国经济普查领导小组办公室. 2018年新疆经济普查年
鉴[M]. 北京: 中国统计出版社, 2020.

新疆维吾尔自治区统计局、国家统计局新疆调查总队. 新疆统计年鉴[M]. 北京: 中国统计
出版社.

杨苏明. 关于新疆"一黑一白"发展战略的思考[J]. 决策咨询通讯, 1998, 9(3).

中国纺织工业联合会.2023/2024中国纺织工业发展报告[M].北京:中国纺织出版社,2024.

中国农业技术推广协会.中国高品质棉花可持续生产标准.(团体标准.T/CATEA001-2022)[P].北京:中国标准出版社,2022.

中国农业科学院棉花研究所.中国棉花栽培学[M].上海:上海科学技术出版社,2019.

中国纤维质量监测中心.中国棉花质量公证检验[DB/OL].[2025-03-31].http://ccqsc.cfqmc.cn/.

中华人民共和国国务院新闻办公室.关于中美经贸关系若干问题的中方立场[N].人民日报,2025-04-10.

中华人民共和国国务院新闻办公室.新疆各民族平等权利的保障[EB/OL].2021-07-14.http://www.scio.gov.cn/zfbps/ndhf/2021n_2242/202207/t20220704_130689.html.

中华人民共和国国务院新闻办公室.新疆生产建设兵团的历史与发展[EB/OL].http://www.scio.gov.cn/zfbps/ndhf/2014n/202207/t20220704_130103.html.

中华人民共和国国务院新闻办公室.中国的芬太尼类物质管控[EB/OL].https://news.cpd.com.cn/n18151/325/t_1174460.html.

中华人民共和国海关总署.海关统计[M].各年.

朱希刚,张社梅,赵芝俊.我国棉花生产率变动分析[J].农业经济月刊,2007(4).

Pingxiang Zhong, Pengyun Chen, Pengju Huo, et al., Characterization of cotton stalk as a lignocellulosic feedstock for single-cell protein production[EB/OL]. Bioresource Technology. https://doi.org/10.1016/j.biortech.2024.131797.

图书在版编目（CIP）数据

中国新疆绿洲棉花发展研究 / 中国农业科学院棉花
研究所,中国农业科学院西部农业研究中心编. -- 北京：
中国农业出版社, 2025.6. -- ISBN 978-7-109-33326-0

Ⅰ. F326.12

中国国家版本馆CIP数据核字第2025CG3581号

中国农业出版社出版

地址：北京市朝阳区麦子店街18号楼

邮编：100125

责任编辑：赵　刚

版式设计：王　晨　　责任校对：吴丽婷　　责任印制：王　宏

印刷：中农印务有限公司

版次：2025年6月第1版

印次：2025年6月北京第1次印刷

发行：新华书店北京发行所

开本：700mm×1000mm　1/16

印张：6

字数：120千字

定价：68.00元